Ausgeschieden
Stadtbücherei Köln

D1696791

Das Geheimnis schöner Häuser

WOHNINSPIRATIONEN VON BUSSESEEWALD

Vintage Flair

Lifestyle
BUSSE SEEWALD

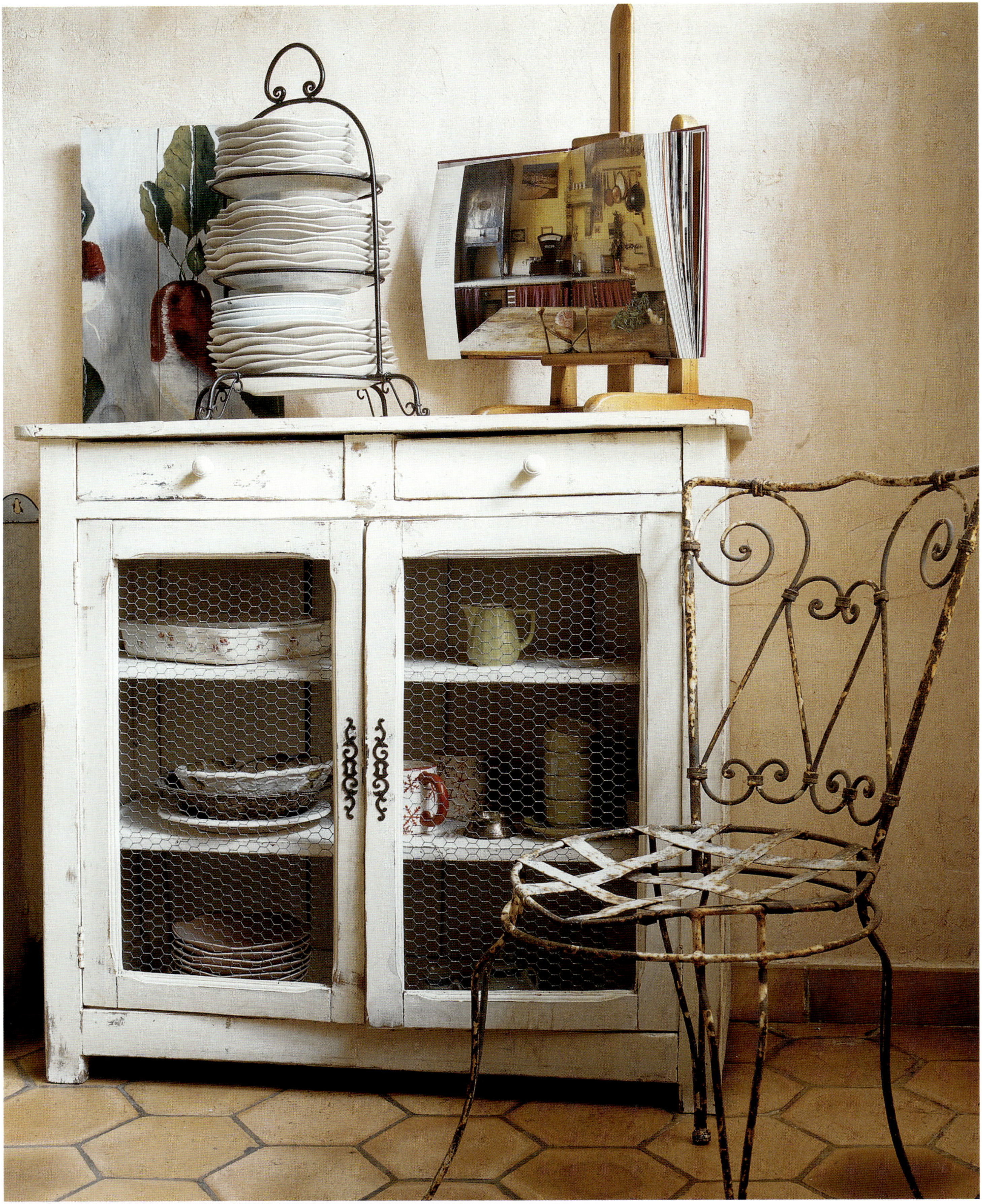

[Inhalt]

Inneneinrichtung — 6
- Wohnzimmer — 8
- Küche — 20
- Schlafzimmer — 36
- Badezimmer — 46

Dekoration & Möbelstücke — 58
- Gebälk und Holztäfelung — 60
- Trennwände und charmante Raumteiler — 70
- Türen und Fensterläden — 80
- Spülbecken — 92
- Arbeitsmöbel und Industriemobiliar — 102

Materialien — 120
- Zementfliesen, Fliesen, Stein und Erde — 122
- Holz — 138
- Schiefer, Zink und Zinn — 146
- Backsteine — 154
- Verputz und Farbe — 160

Tipps zum Renovieren — 170
- Einer gusseisernen Badewanne wieder neuen Glanz verleihen — 172
- Vergoldetes Holz reinigen — 173
- Alte Wäsche wieder auffrischen — 174
- Zementfliesen auffrischen und pflegen — 175
- Ein gestrichenes Möbelstück abbeizen — 176
- Wie Silber wieder glänzt — 177
- Wie Glas wieder strahlt — 178
- Objekte aus Zink pflegen — 179

Adressen — 180

Impressum — 192

Vintage
Flair

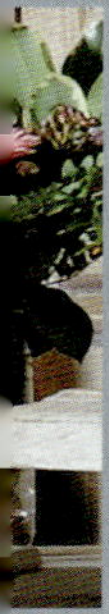
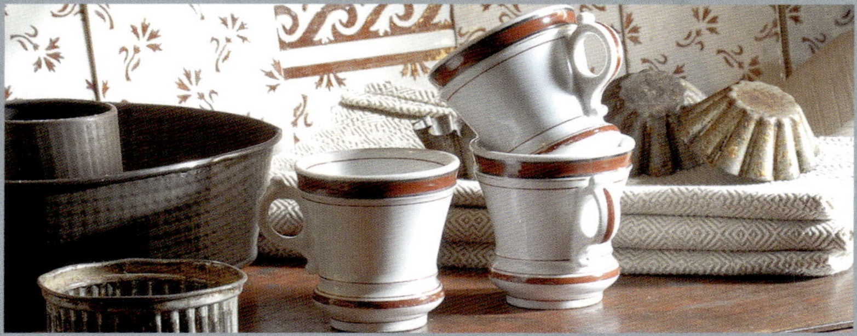
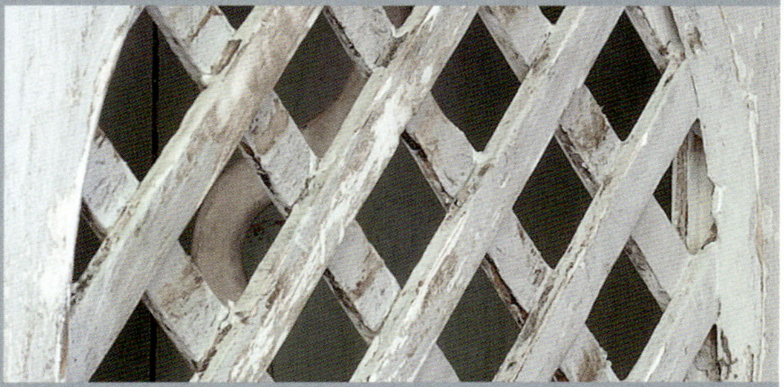

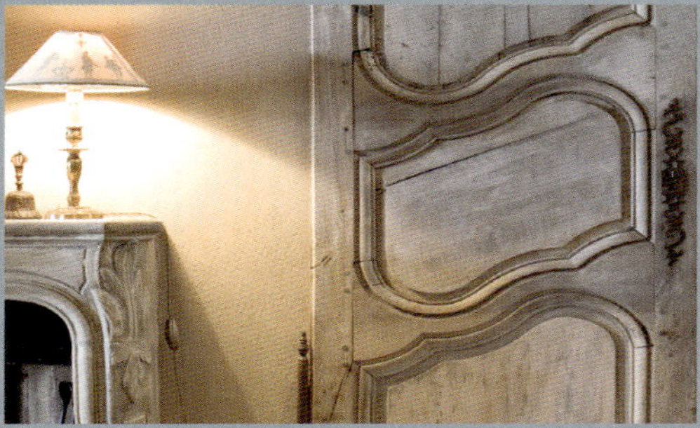
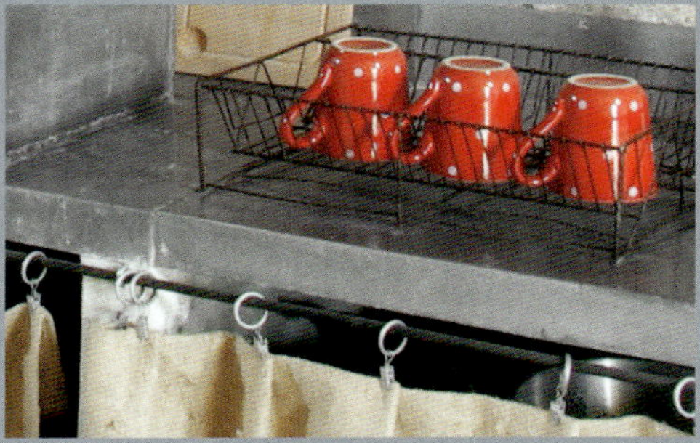
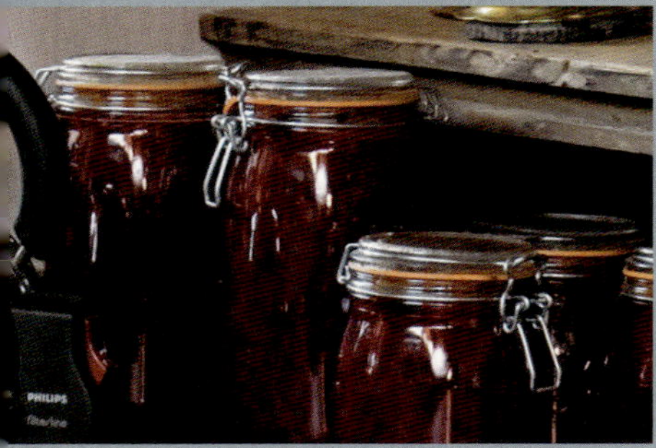
PHILIPS
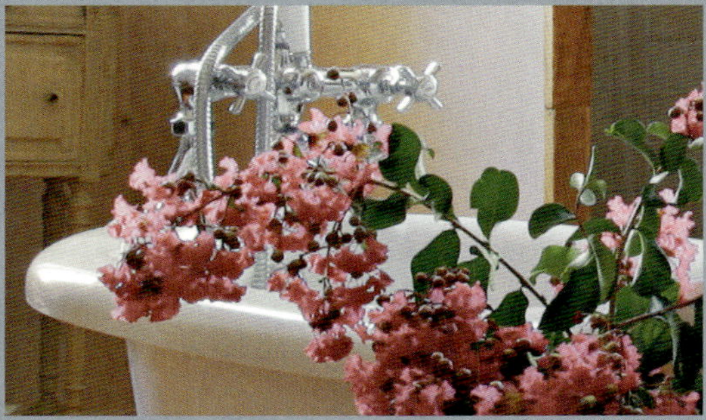
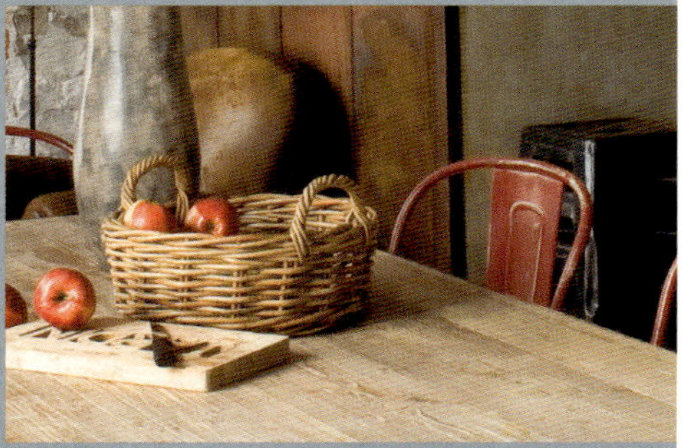
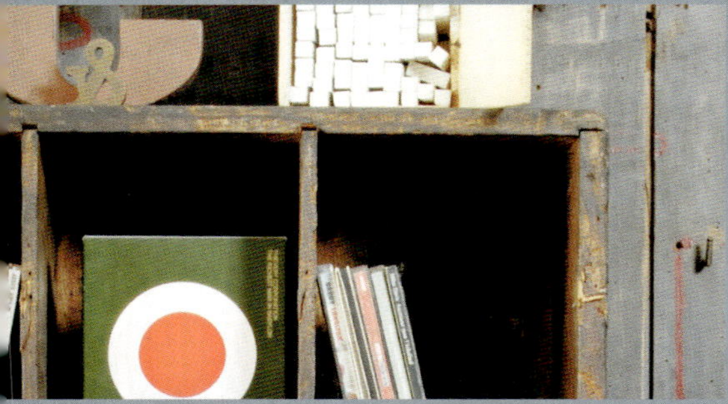

Inneneinrichtung

[Wohnzimmer] 8
[Küche] 20
[Schlafzimmer] 36
[Badezimmer] 46

[Wohnzimmer]

Das Wohnzimmer strahlt zeitlose Gastfreundschaft aus, egal, ob es herrlich unordentlich, altmodisch, theatralisch oder ganz schlicht eingerichtet ist. Alte Materialien liegen im Trend, verschiedene Stilrichtungen werden miteinander kombiniert, ohne dabei unharmonisch zu wirken, und manche Gegenstände werden zweckentfremdet. Ein altes Leinenbetttuch wird zur Tischdecke, ein Brückenelement aus Metall dient als Untergestell für einen Tisch oder antike Gartenmöbel werden ganz unkonventionell zu Esszimmermöbeln.

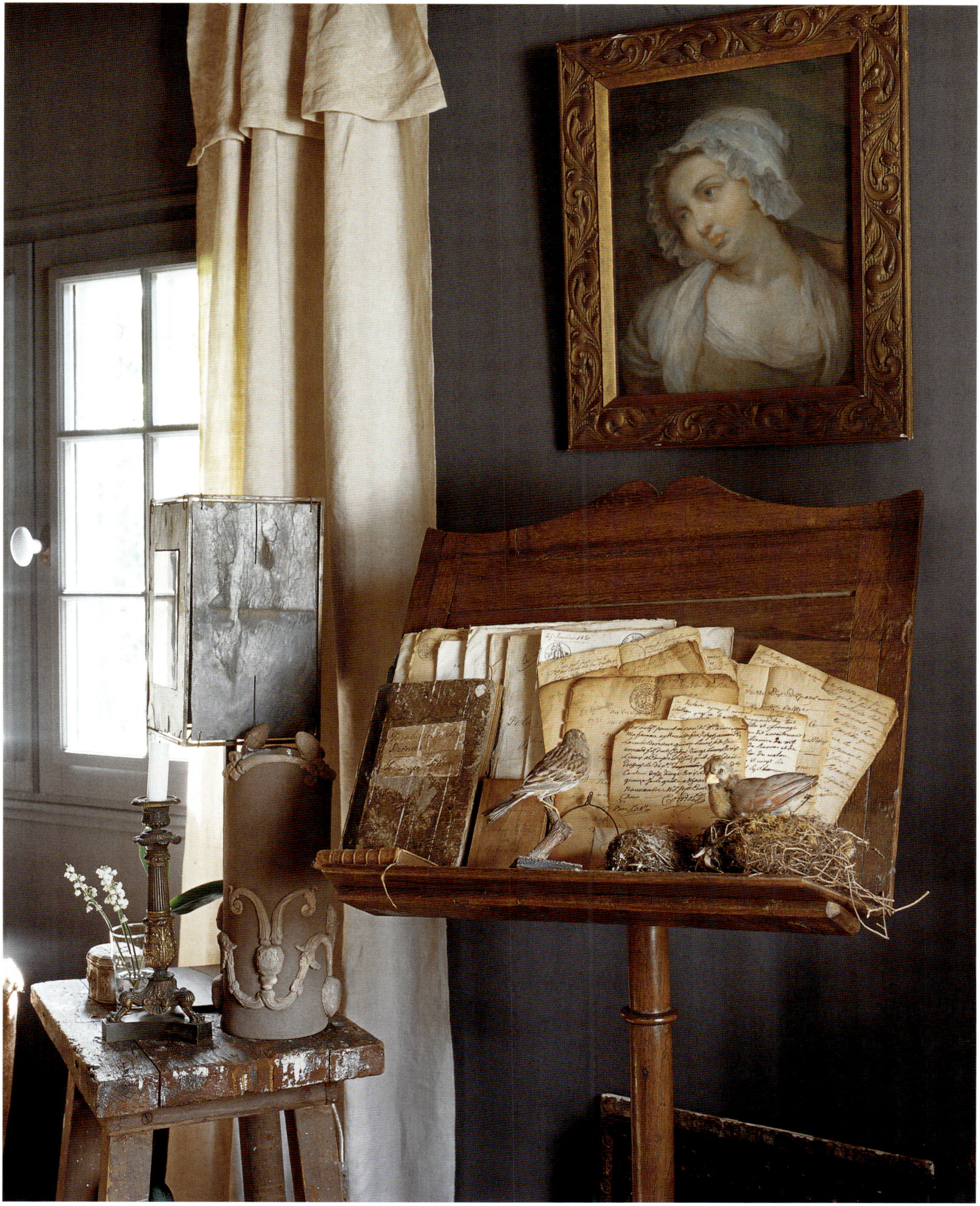

INNENEINRICHTUNG [Wohnzimmer]

1] Das alte, im Norden Frankreichs gelegene Kloster knüpft mit seinem Interieur an die Vergangenheit an. Die holländische Votivkapelle aus dem 17. Jahrhundert hat im Esszimmer als Eckmöbelstück einen Platz gefunden. Sie wird von behauenen Putten überragt und auf ihrem Sockel steht eine zierliche Jungfrau, die für die Ruhe des Raumes zu sorgen scheint. Auf dem Boden sind noch die ursprünglichen Steine zu sehen, die Wände sind in matten und pudrigen Grüntönen gehalten und werden perfekt durch einen Leuchter aus Eisendraht mit feinem Kristallbehang ergänzt. Als Tischdecke dient ein altes, mit einem Monogramm besticktes Betttuch aus fester Baumwolle, das sehr gut zum Silberbesteck und dem weißen Tafelgeschirr passt.

2] In diesem auf der Insel Île de Ré gelegenen Haus aus dem 19. Jahrhundert wusste man den Charme vergangener Zeiten mit den Annehmlichkeiten von heute zu verbinden. Der Eingangsbereich wurde zum Esszimmer und die Wandverkleidung erhielt einen Anstrich in zarten Blautönen. Die ursprünglichen Zementfliesen wurden restauriert und Gartenmöbel vom Flohmarkt, ein rechteckiger Tisch und Klappstühle verströmen einen schlichten, aber eleganten Charme und dienen als Esszimmereinrichtung. Ein Strauß aus alten Rosensorten und eine Baumwolltischdecke aus dem Familienbestand vervollständigen dieses einladende Ambiente.

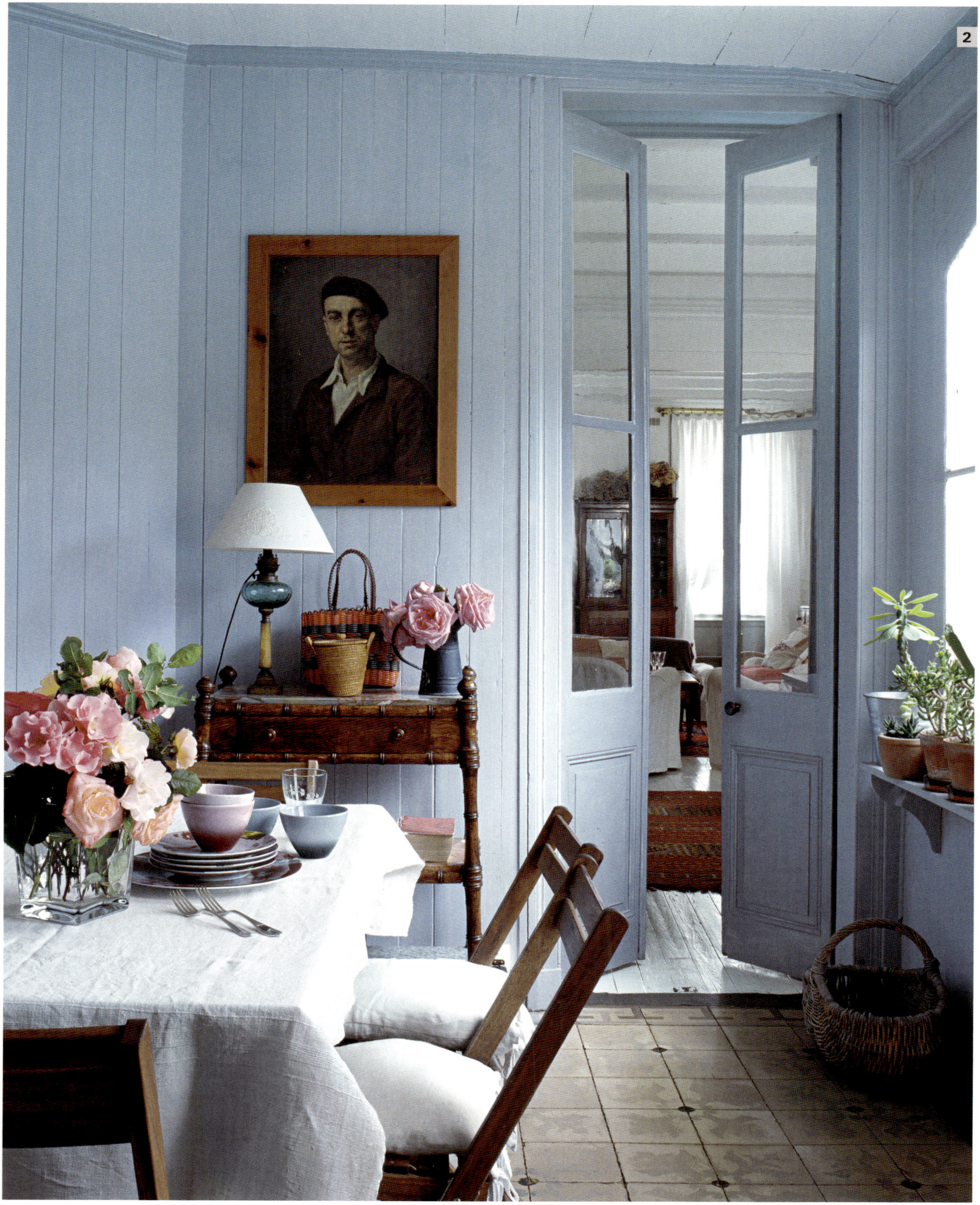
2

INNENEINRICHTUNG [Wohnzimmer]

1] Durch den Stilmix wirkt hier alles gefälliger. In diesem Pariser Wohnzimmer setzt man auf ein subtiles Miteinander der Möbel. Das Büfett aus dem 18. Jahrhundert mit seiner zeitlosen Patina sowie der Louis-Seize-Sessel mit dem verlebten Stoff stehen im interessanten Kontrast zu den üppigen Formen des Liegesessels von Le Corbusier, Perriand und Jeanneret.

2] Das Esszimmer des ehemaligen Priorats wirkt theatralisch und lädt zu großen Tischrunden in einem vom 18. Jahrhundert geprägten Ambiente ein. Der Kamin ist weniger imposant und wird von einer stilechten Ummantelung mit patiniertem Trumeau in Steineffekt verziert. Sehr originelles Detail: Eine mit einem kleinen Rundfenster versehene Tür ist wie ein Bild aufgehängt. Hinter der zweiten, von einem Oberlicht überragten Tür, verbirgt sich ein großer Schrank, in dem mit warmen Farben versehene Wände zu sehen sind. Stühle mit Rohrgeflecht und Stoff vom Flohmarkt stehen um den ovalen Tisch, der mit einem großen weißen Tuch und mit einer zweiten Tischdecke aus grobem Leinen mit einem moderneren Streifenrand versehen ist.

INNENEINRICHTUNG [Wohnzimmer]

1] Dieser ausgefallene Tisch erhielt ein Gestell aus dem von Gustave Eiffel hergestellten Geländer einer Brücke aus der Ariège und wirkt wie ein Möbel im Industriestil. Das Bauelement wurde ausgesägt, bearbeitet und zu einem schönen Fußgestell umfunktioniert, auf dem eine riesige Platte aus rohem Holz liegt. Dieses Sommer-Esszimmer mit seinen Gartenstühlen aus Metall und dem alten Terrakottaboden unter einem begrünten Glasdach vereint das Gefühl von „drinnen und draußen".

2] Das Haus ist in einem englischen Garten versunken und hat dank großer Fenster und alter Glastüren ein nach außen hin geöffnetes Wohnzimmer. Zwischen dem makellosen Weiß, den Metallfarben der Industriemöbel und dem Fußboden mit schwarzer Patina ziehen die Accessoires vom Flohmarkt die Blicke auf sich. Tolix-Stühle, Hängelampen, ein Tisch mit gesprenkelter Tischplatte – nichts wurde dem Zufall überlassen.

Industriemöbel

Industriemöbel halten Ende des 19. Jahrhunderts in den großen Manufakturen Einzug. Um den Anforderungen an die neuen Arbeitsplätze zu genügen, werden Stühle, Lampen, Schreibtische und Aktenschränke benötigt. In den Jahren 1930 bis 1940 versuchen sich Architekten und Innendekorateure an dieser Art von Möbelstücken und integrieren sie in ihre verschiedenen Projekte. In den 1980er-Jahren werden in den USA große Industriegebäude in trendige Lofts umgebaut – der Industriestil ist geboren! Aktuell erlebt diese Stilrichtung einen beachtlichen Aufschwung. Zusätzlich zu seinem funktionellen Aspekt setzt der Industriestil auf Rohmaterialien und Metall sowie auf gerade Linien und macht sich nicht zuletzt durch seine Kombinationsmöglichkeiten unentbehrlich.

INNENEINRICHTUNG [Wohnzimmer]

1] Das Esszimmer ist schlicht und elegant und wird durch ein Oberlicht mit Glasfenster erhellt. Auffallend ist eine außergewöhnliche Hängelampe aus getrocknetem und miteinander verflochtenem Efeu. Der Tisch vom Flohmarkt passt zu den Stühlen, die mit Hussen aus reinweißem Leinen überzogen sind. Allem gegenüber steht ein ehemaliger, dunkel gehaltener Notarschrank. An der Wand bilden zwei Lederschilder ein Diptychon und sind eine Antwort auf das Bild von Monica Sanchez-Robles.

2] In diesem Raum wurde nur wenig verändert, abgesehen von den Hühnern, die daraus vertrieben wurden. Denn der Raum diente den ehemaligen Eigentümern einst als Hühnerstall, worauf auch die große Natursteinspüle zurückzuführen ist, die die neuen Besitzer erhalten wollten. Sie wurde perfekt in ihr neues Umfeld integriert und dient als eine Art praktische Konsole mit sehr viel Charme. Die Wände haben einen warmen Ton erhalten und sorgen für Gemütlichkeit, was durch die bequemen Möbel mit Flohmarkt-Charakter unterstrichen wird.

INNENEINRICHTUNG [Wohnzimmer]

1] Der offene Kamin stammt von einem benachbarten Bauernhof und wurde vor Ort wieder aufgebaut. Er ist imposant und der Blickfang des Raumes. Die Umrandung aus kleinen Backsteinen reicht bis zum ursprünglichen Deckengebälk. Möbel und Gegenstände verschiedener Stilrichtungen wurden gekonnt miteinander kombiniert und sorgen dadurch für eine gemütliche Atmosphäre: ein Ledersofa aus den 1940er-Jahren, ein Louis-Seize-Sessel, das Trumeau eines Kamins, ein Büfett im Empire-Stil, ein Lesepult aus einer Kapelle aus dem 19. Jahrhundert und – nicht zu vergessen – die Sammlung von Kerzenleuchtern, die bei Einbruch der Dunkelheit strahlend leuchten. Auch der Couchtisch verströmt Vintage Flair und erinnert an einen Sitzhocker. Als einfache Dekoration dient ein Tablett.

2] Einst eine Scheune, besticht dieses restaurierte Wohnzimmer durch seine hohen Decken. So ist die außergewöhnliche Trennwand zwischen Wohnzimmer und Küche nichts anderes als die ehemalige Fassade eines Bürgerhauses aus dem Norden Frankreichs. Die Terrakottafliesen auf dem Boden stammen aus einer Fabrik, die ihre Tore schließen musste. Die Möbel bilden einen ungezwungenen Stilmix: Der große Spiegel aus vergoldetem Holz vergrößert den Raum, die Sessel aus abgewetztem Leder wirken gemütlich und der alte Weidenkoffer wird zum Couchtisch.

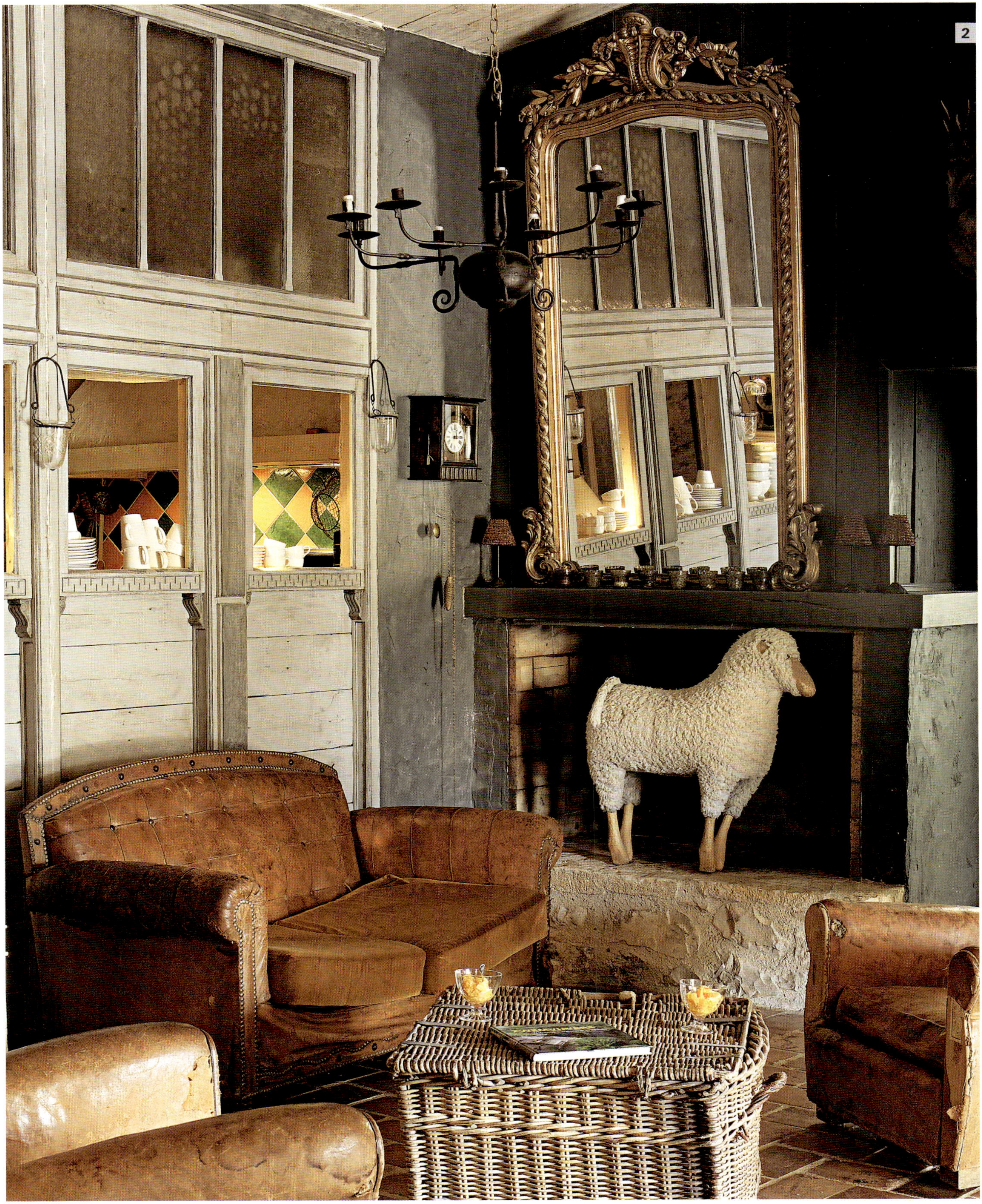
2

[Küche]

Heutigen Küchen wird gerne ein Vintage-Look verliehen. Köstliche Gerichte und Möbel sowie Materialien mit Industrie-Charme werden dadurch ganz atypisch zu einer perfekten Verbindung. Hier verschwindet die Dunstabzugshaube hinter Baustellenbrettern, ehemalige Schubladen aus einer Bank bieten auf ihre alten Tage Kuchenformen Platz und Armeesäcke aus dickem Tuchstoff werden zu charmanten Vorhängen, hinter denen sich Schränke verbergen.

[21]

INNENEINRICHTUNG [Küche]

1] Vintage-Flair vom Feinsten: Durch den Fußboden mit schwarzer Patina und die Backsteinwände erhält die Küche einen industriellen Touch. Sie ist zum Wohnzimmer hin geöffnet und wird durch einen großen Tuchmachertisch begrenzt, der als charmante Kücheninsel dient. Sie bietet einer Sammlung von Etageren und Glasglocken Platz, die allem eine feminine Färbung geben sowie Gaumenfreuden erahnen lassen. Der Schreibtisch ist ein altes Möbelstück, das in einem Postamt zum Sortieren der Post diente und große Hängeleuchten sorgen für genügend Licht in der Küche.

2] In dieser Küche lenkt ein Spülstein aus Zink alle Blicke auf sich. Die Arbeitsplatte, bestehend aus einem einfachen Brett, wurde ebenfalls mit einer Zinkplatte versehen. Die offenen Regale verschwinden hinter originellen Vorhängen aus ehemaligen Armeesäcken.

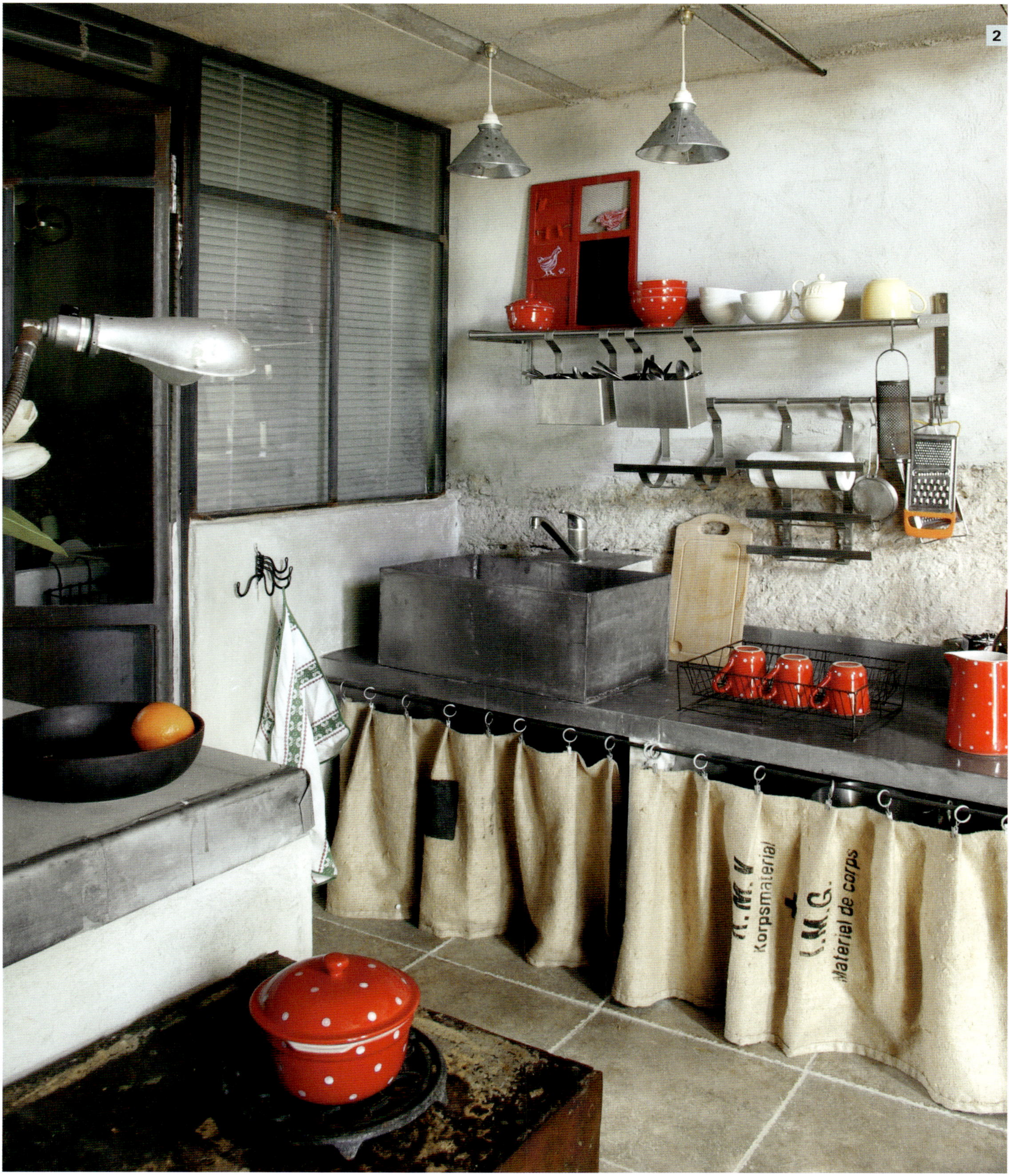
2
Korpsmaterial
L.M.G.
Materiel de corps

INNENEINRICHTUNG [Küche]

1] In der großen und einladenden Familienküche harmoniert die moderne Ausstattung mit dekorativen Elementen vergangener Zeiten. Die Patina der Zementfliesen, die beibehalten wurden, ist das Ergebnis jahrelanger guter und zuverlässiger Pflege. Der neue Herd hat ganz natürlich seinen Platz im ehemaligen Kamin gefunden. Der Tuchmachertisch im Louis-Seize-Stil wird zur zentralen Kücheninsel, der Satz Verwaltungsschränke wurde zu entzückenden Geschirrschränken umfunktioniert. Die mit einer leichten Graupatina überzogenen Möbel erhalten durch die Farbe des spanischen Marmors der Arbeitsplatte einen warmen Touch.

2] Die Küche des provenzalischen Landhauses mitsamt den Zementfliesen wurde in ihrem Originalzustand belassen. Der gusseiserne Herd hat seine Funktion nicht eingebüßt und die große Arbeitsfläche des Möbelstücks daneben wird von einem ehemaligen Kamin umrandet. Der Fliesenspiegel an den Wänden wird von einem Fries aus Fayence-Fliesen begrenzt.

INNENEINRICHTUNG [Küche]

1

1] Beim Vintage-Stil gehört altes Holz unbestritten zu einem der am meisten recycelten Materialien. Hier entstanden aus Brettern von alten Möbeln und Türen Küchenelemente, die man geschickt mit gebürstetem Edelstahl verband, was für Küchen großer Chefköche unverzichtbar ist. Die Wände sowie die Decke erhielten mit Kalkmilch einen sehr warmen, taupefarbenen Anstrich. Die Dunstabzugshaube ist mit vertikal angebrachten Brettern verkleidet und mit Rahmen zweier ehemaliger Kirchenfenster verziert. Die sorgfältig ausgewählte Dekoration verbindet elegant verschiedene kleine Flohmarktfunde miteinander. So passen die Kristallbehänge, der Holztisch und die flämischen Stühle gut zueinander und schmeicheln dem Auge.

2] Eine hübsche Ansammlung von Schätzen, die im Laufe der Jahre zusammenkamen, verleiht der Küche uralten Charme. Der Konsolentisch und der Vorratsschrank stammen vom Flohmarkt. Ersterer dient als Arbeitsplatte und der Vorratsschrank als charmanter Geschirrschrank. Eine einfache und urige Dekoration, die dank der sorgfältig ausgewählten Utensilien wie dem Geschirr, den Gläsern und der alten Wäsche authentisch wirkt.

INNENEINRICHTUNG [Küche]

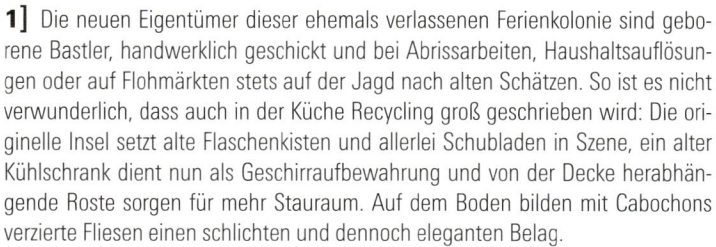

1] Die neuen Eigentümer dieser ehemals verlassenen Ferienkolonie sind geborene Bastler, handwerklich geschickt und bei Abrissarbeiten, Haushaltsauflösungen oder auf Flohmärkten stets auf der Jagd nach alten Schätzen. So ist es nicht verwunderlich, dass auch in der Küche Recycling groß geschrieben wird: Die originelle Insel setzt alte Flaschenkisten und allerlei Schubladen in Szene, ein alter Kühlschrank dient nun als Geschirraufbewahrung und von der Decke herabhängende Roste sorgen für mehr Stauraum. Auf dem Boden bilden mit Cabochons verzierte Fliesen einen schlichten und dennoch eleganten Belag.

2] Diese Küche zeigt sich einladend und majestätisch hinter einer alten Doppeltür. Sie verläuft um eine Theke vom Flohmarkt, wird von einer Billard-Hängelampe beleuchtet und hat alle Eigenschaften eines gemütlichen Raumes: warme Farbtöne in Gelb-Orange, Terrakottaboden, eine Nische aus Stein, die als Anrichte dient … Alles in allem ein Raum, in dem man es sich gerne gut gehen lässt.

3] Die auf alt gemachte Küche ist bis ins Detail durchdacht, um Vintage-Look, Komfort und moderne Materialien miteinander zu verbinden. Der Boden ist mit Dielen und die mit einer Arbeitsplatte verbundene Rückwand mit Beton verkleidet. Alte Arbeitsmöbel haben hier einen neuen Platz gefunden. So stehen Geschirrschrank, Schrank und ein ehemaliges Möbelstück aus einem Kurzwarenhandel einträchtig neben den heute in unseren Küchen unverzichtbaren Elektrogeräten. Eine gute Idee: Die in antikem Grau patinierten Unterschränke der Küche sind an der Vorderseite mit Hasendraht verkleidet.

INNENEINRICHTUNG [Küche]

1

1] Dank der sorgfältig ausgewählten Materialien strahlt die Küche auch nach ihrer Renovierung einen gemütlichen, nostalgischen Charme aus. Die milchig-weißen Fliesen an der Wand wiederholen sich an der Decke und sind dort mit rostigen Nägeln, die wie Cabochons angebracht sind, versehen. Auf dem Boden harmonieren Steingutfliesen mit der schwarzen Küchenfassade, die durch den roten Kupferton der Armaturen und Spülbecken wärmer wirken. Die Küche teilt sich in einen Arbeitsraum und einen Spülraum. Damit diese perfekte Harmonie weiterbesteht, wurden die Elektrogeräte entsprechend verteilt.

INNENEINRICHTUNG [Küche]

1] Schlichtheit sorgt oft für einen besonderen Charme, wie diese Küche beweist. Sie ist das Ergebnis von Flohmarkt-Besuchen und raffinierten Handwerksarbeiten. Die Küche scheint so schon immer zu bestehen, doch wurden die Terrakottafliesen auf dem Boden günstig auf einem Flohmarkt erworben. Der ehemalige Brotofen übernahm ganz natürlich seine Funktion als Innengrill, umgeben von einer mit Zementfliesen verkleideten Kamineinfassung. Beides war im Haus bereits vorhanden. Der alte Steinfuttertrog dient heute als charmanter Abstelltisch.

2] Das ehemalige Futterlager der Hütte, die früher den Schäfern als Unterschlupf diente, wurde völlig umgestaltet und stellt sich jetzt als nach außen hin geöffnete Küche dar. Die gereinigten Steine ohne sichtbare Fugen wurden stellenweise ausgehöhlt und fungieren als Ablagenischen. Die Fassaden der Schränke wurden aus dem Holz eines alten Maulbeerbaumes angefertigt, den Abschluss bildet eine nach alter römischer Bauweise verlegte Arbeitsplatte aus Weichgestein. Das außergewöhnliche Spülbecken wurde aus einem 1,5 Tonnen schweren Steinblock gehauen. Für einen besseren Blick auf die Landschaft wurden Atelierfenster eingesetzt, die perfekt zu diesem ideenreichen Innenraum passen.

[Schlafzimmer]

Schlafzimmer sind poetisch, weiblich und wirken, ausgestattet mit bequemen Sesseln, fast schon wie ein kleines Wohnzimmer. In diesem ungewöhnlichen Königreich leisten die Kopfteile einen fantastischen Beitrag: Mal ist es ein Gartengitter, mal ein Fußteil oder aber alte, an die Wand montierte Doppeltüren, an denen herrliche Wandleuchter angebracht sind.

2] Das ehemalige Futterlager der Hütte, die früher den Schäfern als Unterschlupf diente, wurde völlig umgestaltet und stellt sich jetzt als nach außen hin geöffnete Küche dar. Die gereinigten Steine ohne sichtbare Fugen wurden stellenweise ausgehöhlt und fungieren als Ablagenischen. Die Fassaden der Schränke wurden aus dem Holz eines alten Maulbeerbaumes angefertigt, den Abschluss bildet eine nach alter römischer Bauweise verlegte Arbeitsplatte aus Weichgestein. Das außergewöhnliche Spülbecken wurde aus einem 1,5 Tonnen schweren Steinblock gehauen. Für einen besseren Blick auf die Landschaft wurden Atelierfenster eingesetzt, die perfekt zu diesem ideenreichen Innenraum passen.

INNENEINRICHTUNG [Küche]

1] In dieser städtischen Küche lädt der Landhausstil zu einem gemütlichen Beisammensein ein. Alles gruppiert sich um den großen Esstisch aus einem ehemaligen Kloster mit unterschiedlichen Gartenstühlen im Empire-Stil. Holz ist das vorherrschende Material und verkleidet Wände und Boden. Der Raum wurde damit kostengünstig renoviert: Die unschönen Steinwände verschwinden nun hinter vertikal angebrachten Holzbrettern. Das Mobiliar im Landhaus-Look passt perfekt zum Eichenholzboden und besteht aus einem Familienschrank aus dem 19. Jahrhundert, dessen Regalränder mit einer Schmuckborte aus feiner Spitze versehen sind. Hier ist rustikaler Schick angesagt.

2] Es gehört viel Einfallsreichtum und Mut dazu, den alten Keller dieses Dorfhauses in eine funktionale Küche mit großzügigen Proportionen umzugestalten. Altes, blankgescheuertes Gestein, gekalkte Wände – Weiß ist die beherrschende Farbe. Die Möbel stammen vom Flohmarkt und bieten Platz für jede Menge Geschirr. Die abgenutzten Gartenstühle mit zartgrüner Patina sind die einzigen Farbtupfer in dieser weißen Umgebung.

[Schlafzimmer]

Schlafzimmer sind poetisch, weiblich und wirken, ausgestattet mit bequemen Sesseln, fast schon wie ein kleines Wohnzimmer. In diesem ungewöhnlichen Königreich leisten die Kopfteile einen fantastischen Beitrag: Mal ist es ein Gartengitter, mal ein Fußteil oder aber alte, an die Wand montierte Doppeltüren, an denen herrliche Wandleuchter angebracht sind.

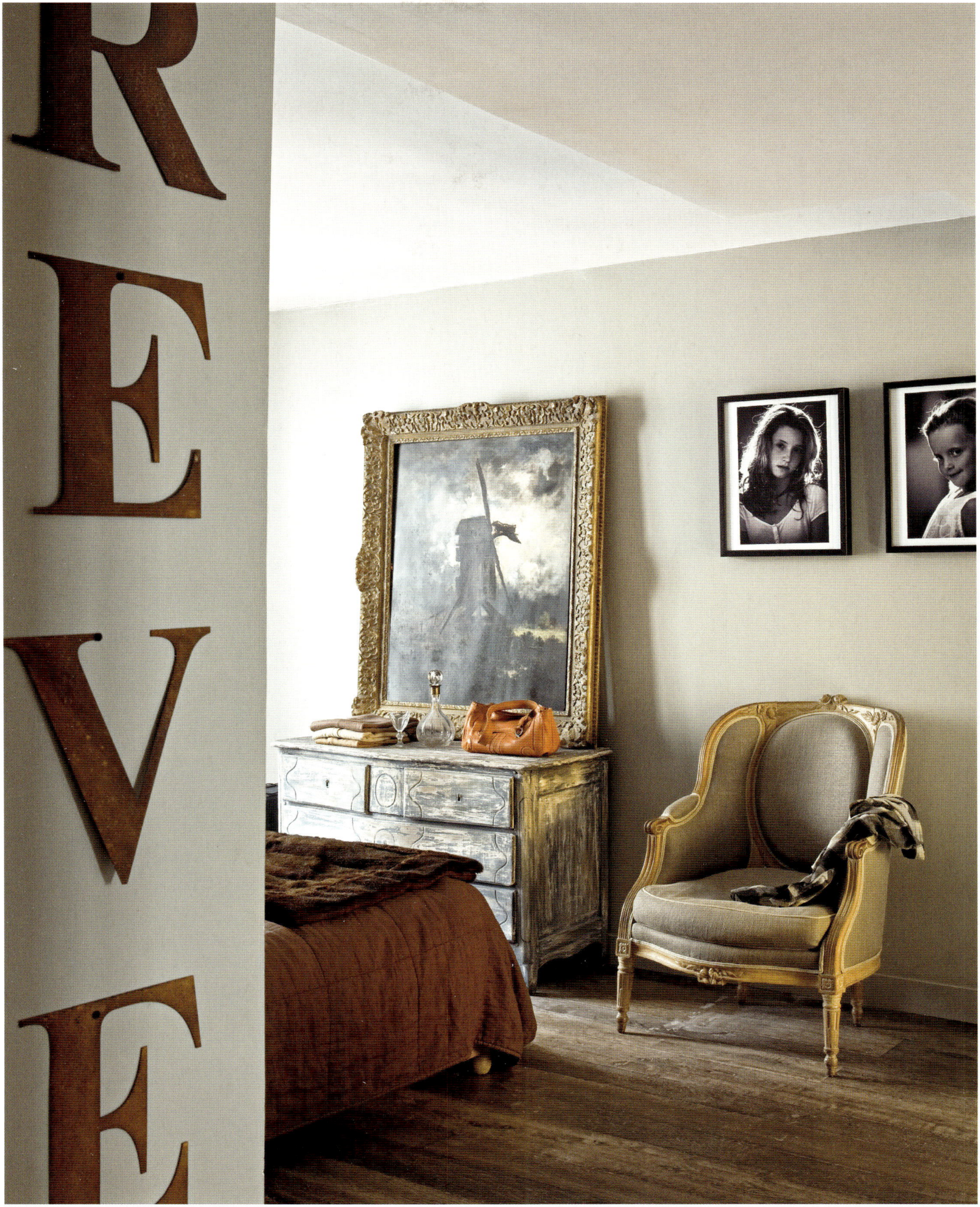
R
E
V
E

INNENEINRICHTUNG [Schlafzimmer]

1] Alte Fensterläden lassen sich auch gut mal zweckentfremden. Diese in Antikoptik patinierten Innenfensterläden heben sich von der weiß gekalkten Wand ab. Aufgeklappt bilden sie hier ein charmantes Kopfteil.

2] Eine schöne Inszenierung dieses Dachzimmers, das fast wie ein Wohnzimmer wirkt. Die beiden Betten werden durch eine alte, blutrot lackierte Kommode getrennt und wirken stolz mit ihren maßgeschneiderten Kopfteilen mit gaufriertem Dekor. Die regelmäßig gestreiften Wände bilden einen passenden Rahmen für die verschiedenen Flohmarktfunde, die zusammen mit der feinen Bettwäsche in raffinierten und warmen Farben ein schönes Ganzes bilden.

INNENEINRICHTUNG [Schlafzimmer]

1] Das ehemalige Fußteil aus bearbeitetem Holz ist nach oben gerutscht und dient nun als originelles Kopfteil. Es hebt sich von den mit Kalkfarben gestrichenen Wänden ab. Die Fenster sind mit leichten Baumwollrollos verhüllt. Als Beleuchtung hängen kleine Kristalllüster über den Nachttischchen – einfache Gartenstühle mit romantischen Voluten.

2] Das Gästezimmer ist im gustavianischen Stil gehalten. Die beiden mit Medaillons dekorierten Einzelbetten bilden eine perfekte Symmetrie, die von den beiden zweckentfremdeten Türen am Kopfende verstärkt wird, an denen romantische Wandleuchter hängen. Ein Stillleben mit Blumen und eine kleine Blumendekoration unterstreichen den femininen Charakter dieser Ruheoase.

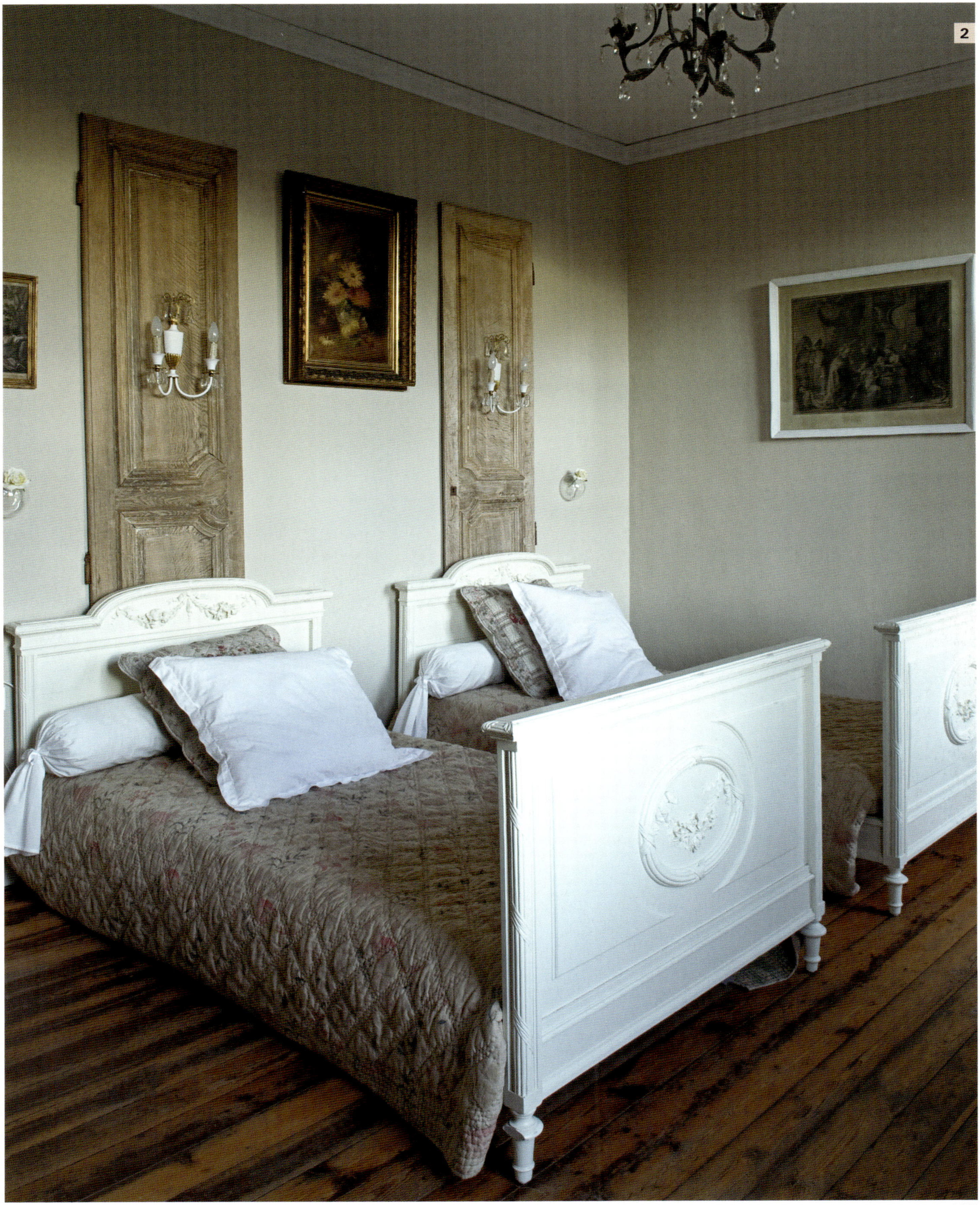
2

INNENEINRICHTUNG [Schlafzimmer]

1] Das ungewöhnliche Kopfteil ist nichts anderes als ein Gartengitter aus dem 19. Jahrhundert, das hier einen ruhigen Lebensabend, fernab der Witterungseinflüsse seines vorherigen Daseins, verbringt. Der riesige alte Spiegel verleiht dem Raum in diesem gemütlichen und beruhigenden Ambiente Tiefe (Bild Yves Nioré).

2] Das gemütliche Zimmer unterm Dach hat einen Zwischenboden aus Pappelholz. Die Eigentümer des Hauses lieben Gegenstände aus der Volkskunst und haben den Raum in ein entzückendes Depot für traditionelle Korbwaren umgestaltet. Als Wandleuchter dienen zwei alte Kopfstücke von Insektenspritzen, die zweckentfremdet wurden, sehr individuell und dennoch ganz reizend sind.

2

INNENEINRICHTUNG [Schlafzimmer]

1] Das Bett im Directoire-Stil ist mit altem Leinen vom Flohmarkt versehen und wirkt so herrlich altmodisch. Es wird von einem Betthimmel überragt und sorgt für eine märchenhafte Atmosphäre, ideal für ein Mädchenzimmer. Obwohl es so klein ist, hängen in diesem entzückenden Zimmer zwei Kristalleuchter, einer davon dient als Nachttischlampe.

2] Das Zimmer wirkt authentisch und poetisch und lädt zu ruhigen Nächten zwischen zartblauen Leinenlaken ein. Jeder Gegenstand erzählt eine Geschichte und passt sich problemlos dem Stil des Zimmers an. Hier ein Engel mit verträumtem Blick, dort Bilder aus einem anderen Jahrhundert. Antike Baluster dienen als Lampenfüße und eine alte Strohkrippe wird zu einem ungewöhnlichen Fußteil, in dem heute Bücher ihren Platz finden.

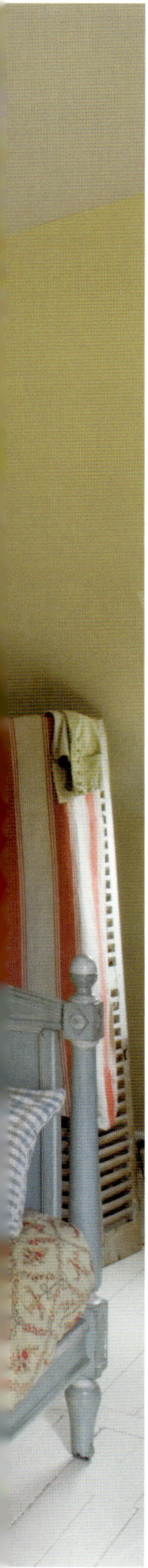

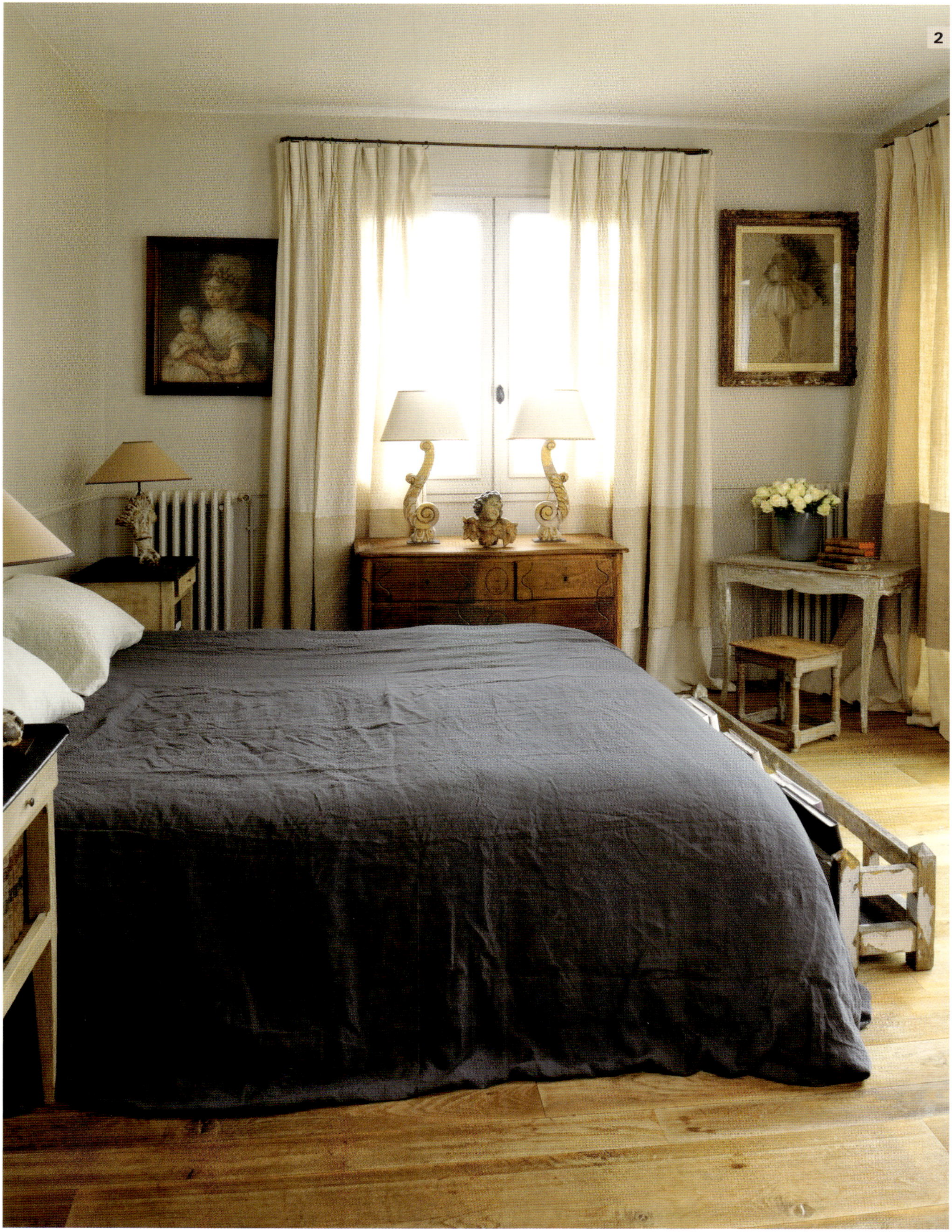

2

[Badezimmer]

Das Badezimmer spielt mit stilvollen Accessoires und Materialien. Die alte Badewanne, egal, ob aus Zink oder Gusseisen, steht dabei im Vordergrund. Aber auch Waschtische und Waschbecken, in Stein oder Beton gehauen, ziehen die Blicke auf sich. Warmes Holz harmonisiert mit den gekalkten, in sanften Farben gestrichenen Wänden.

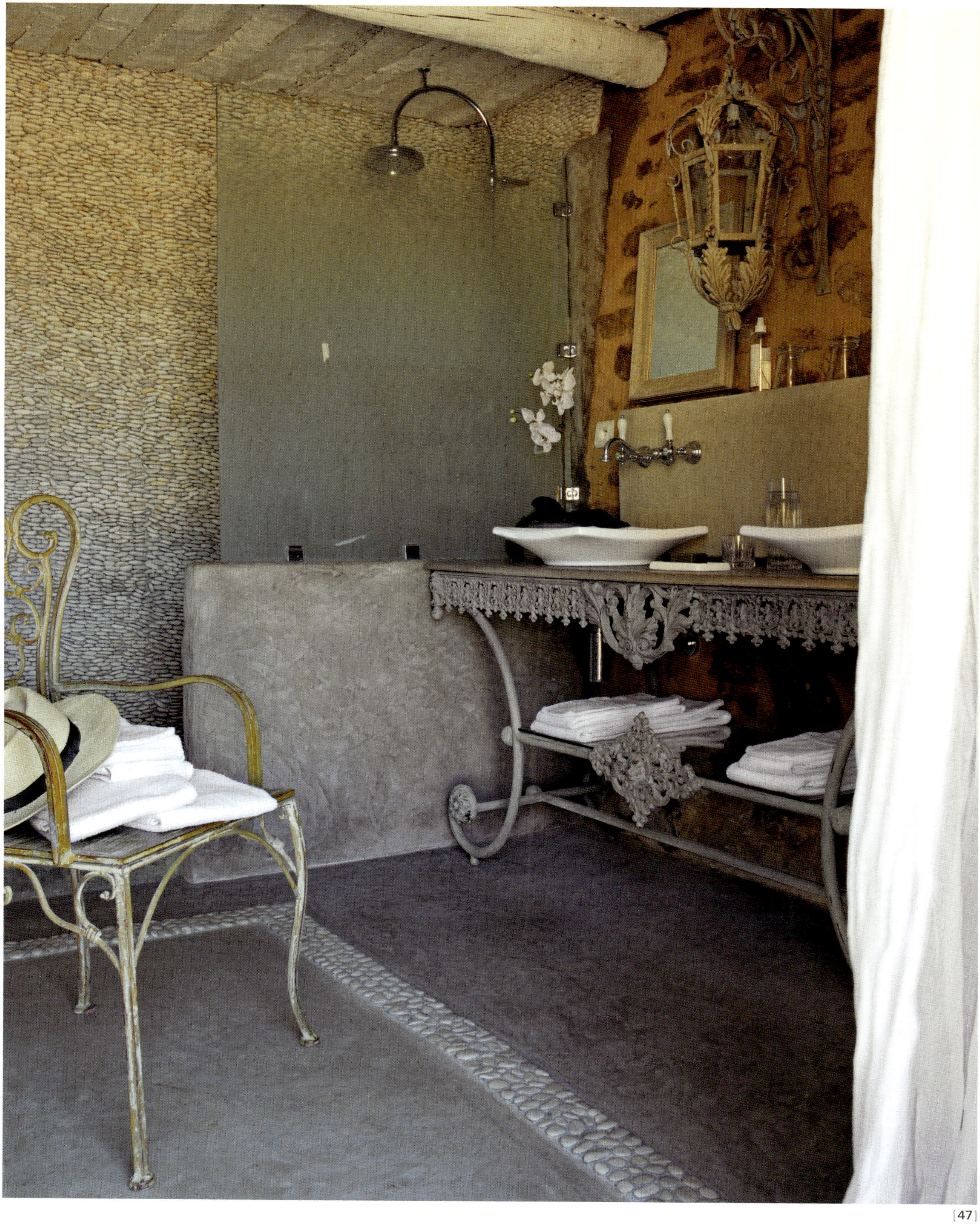

INNENEINRICHTUNG [Badezimmer]

1] Diese Toilette wurde mit Gegenständen vom Flohmarkt gestaltet und wirkt somit einzigartig. Der Boden ist mit blauen Steinen gefliest, die von einem Antiquitätensammler stammen, darüber befindet sich ein Waschbecken aus Stein, mit einem Zinkfries verkleidet. Ein Bullauge aus dem 18. Jahrhundert passt sich elegant der matt gestrichenen Wand an. Ein Beweis dafür, dass Materialien aus früheren Zeiten perfekt mit heutigen Technologien kombiniert werden können, ist die sehr diskrete Armatur, die mit einem elektronischen Sensor funktioniert.

2] In einer Harmonie aus gedämpften Farbtönen in Taupe und Schokoladenbraun kommt das Badezimmer in Antikoptik richtig elegant daher. Die antike Zinkbadewanne mit Löwenfüßen wird von den alten Buchstaben vom Flohmarkt aufgegriffen. Der Fußboden aus hellem, rohem Holz und die weißen, weichen Badelaken sorgen für ein helleres Ambiente.

Zink

Zink wird üblicherweise als Baumaterial für Dächer verwendet, hält aber mehr und mehr in unseren Wohnräumen Einzug. Es ist leicht und somit auch handlich und einfach zu installieren. Zink ist langlebig, widerstandsfähig und erhält im Laufe der Zeit eine ästhetische Patina. Ob als Kaminumrandung, Arbeitsplatte oder Waschbecken – Zinkplatten können nach Lust und Laune verwendet werden und verleihen allem einen unnachahmlichen Charme.

BAIN

INNENEINRICHTUNG [Badezimmer]

1] Das Badezimmer im Vintage-Stil grenzt an eine ehemalige Pferdebox und lässt uns in eine nostalgische Vergangenheit eintauchen. Der Waschtisch aus dem 19. Jahrhundert verfügt über ein Becken aus emailliertem Blech, einem Material, das über Jahrzehnte hauptsächlich in Badezimmern und Küchen verwendet wurde. Flakons in Antikoptik sowie ein über die Jahre abgenutzter Quecksilberspiegel und ein großer Raffhalter im Stil des 18. Jahrhunderts vervollständigen die Dekoration.

2] In diesem Badezimmer wurden Tuchmachermöbel zu einem hübschen Waschtisch umfunktioniert. Damit er eine funktionale Höhe hat, wurde er erhöht und durch zwei ovale Becken aus weißer Keramik mit schlichter Eleganz versehen. Damit der Vintage-Stil des Badezimmers besser zur Geltung kommt, wurde es mit einer Kanne, Kristallleuchtern und antiker Wäsche vom Flohmarkt dekoriert.

INNENEINRICHTUNG [Badezimmer]

1] Dank ihrer Patina in unvergleichlichen Grautönen versprühen alte Zinkbadewannen stets einen zeitlosen Charme. In diesem romantischen Ambiente spielt man mit den edlen Materialien und der femininen Seite der Möbel und Accessoires: luftige Gardinen, eine kleine Louis-Seize-Sitzbank mit bedruckter Seide bezogen – der Boudoir-Stil lässt grüßen!

2] Durch die geöffnete Tür zeichnet sich ein Badezimmer mit unheimlich raffinierten gekalkten Wänden in matten, anthrazitgrauen Farbtönen ab. Ein ehemaliges Tränkebecken wurde in ein originelles Waschbecken umfunktioniert und bringt somit zusammen mit der Kupferarmatur die ganze Schönheit des Steins zum Ausdruck (Bild vom Flohmarkt).

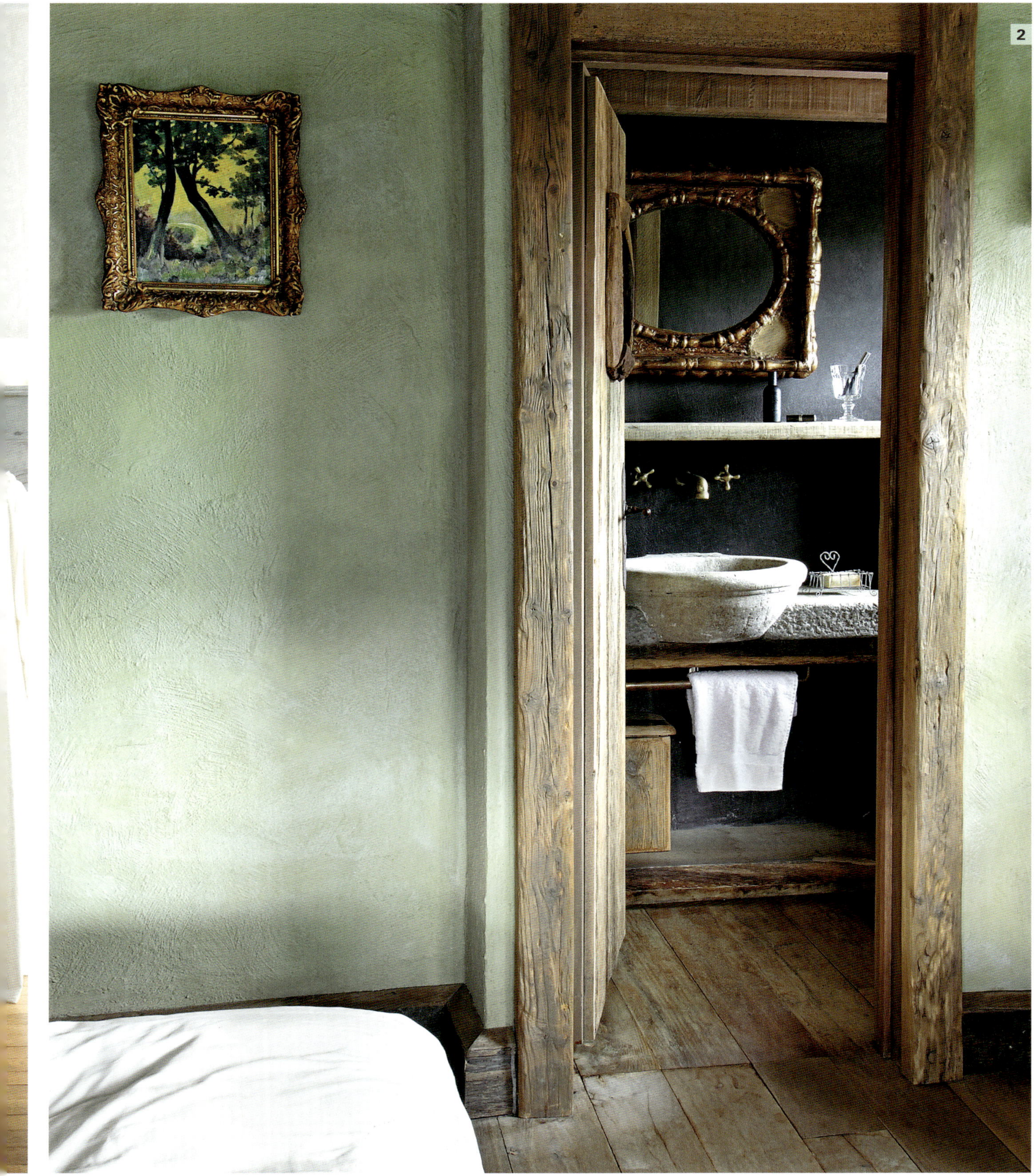
2

INNENEINRICHTUNG [Badezimmer]

1

1] Dieses Badezimmer birgt einen charmanten Schatz: Die Zementfliesen spielen mit der dezent gestreiften Tapete. Die antike Badewanne mit Füßen aus dem Jahre 1900 wurde von der Hausherrin in Schwarz und Gold gestrichen und von einem romantischen Betthimmel überspannt. Das originale Waschbecken teilt sich den Platz mit einem imposanten Spiegel aus vergoldetem Holz, der von einem Flohmarkt stammt.

2] Prallen verschiedene Materialien und Stilrichtungen aufeinander, kann dies zu schönen Begegnungen führen. In diesem Badezimmer verbindet sich das maßgefertigte Betonwaschbecken mit einem Spiegel aus dem 18. Jahrhundert mit sorgfältig verziertem und vergoldetem Holz. Die einfachen und diskreten Rohre in der Wand erinnern an Dorfbrunnen und dienen hier als Armaturen.

INNENEINRICHTUNG [Badezimmer]

1] Der kleine unscheinbare Tisch aus Kiefernholz wurde zu neuem Leben erweckt und zum Badezimmermöbel umfunktioniert. Er hat ein Kupferwaschbecken erhalten, das seine ganzen Vorzüge in diesem Ambiente aus warmen Farbtönen entfaltet. Auf den patinierten Wänden ist ein mit einer Schablone erstellter Fries zu sehen, der einen Sockel bildet und dem Raum einen Hauch Intimität verleiht.

2] Hier stammt alles vom Flohmarkt: Der ehemalige Stallboden dient jetzt als Badezimmerdecke, aus den Abfallstücken wurden Schränke hergestellt, die mit Schubladen versehen sind und in die gemauerte Platte wurde ein altes, renoviertes Waschbecken eingebaut. Als Stilbruch zum sonst sehr rustikalen Stil des Raumes dient ein kleiner Kristallleuchter mit unvergleichlichem Charme.

[57]

[Gebälk und Holztäfelung]

Das Gebälk ist das Grundgerüst eines Hauses und viel zu schade, um es zu verstecken. Mit Farbe versehen und abgebeizt, wird es zu einem dekorativen Element mit authentischem Charakter. Holztäfelungen waren im 18. Jahrhundert sehr gefragt und kommen heute wieder für Wände, Betten, Türen oder Kamine in Mode.

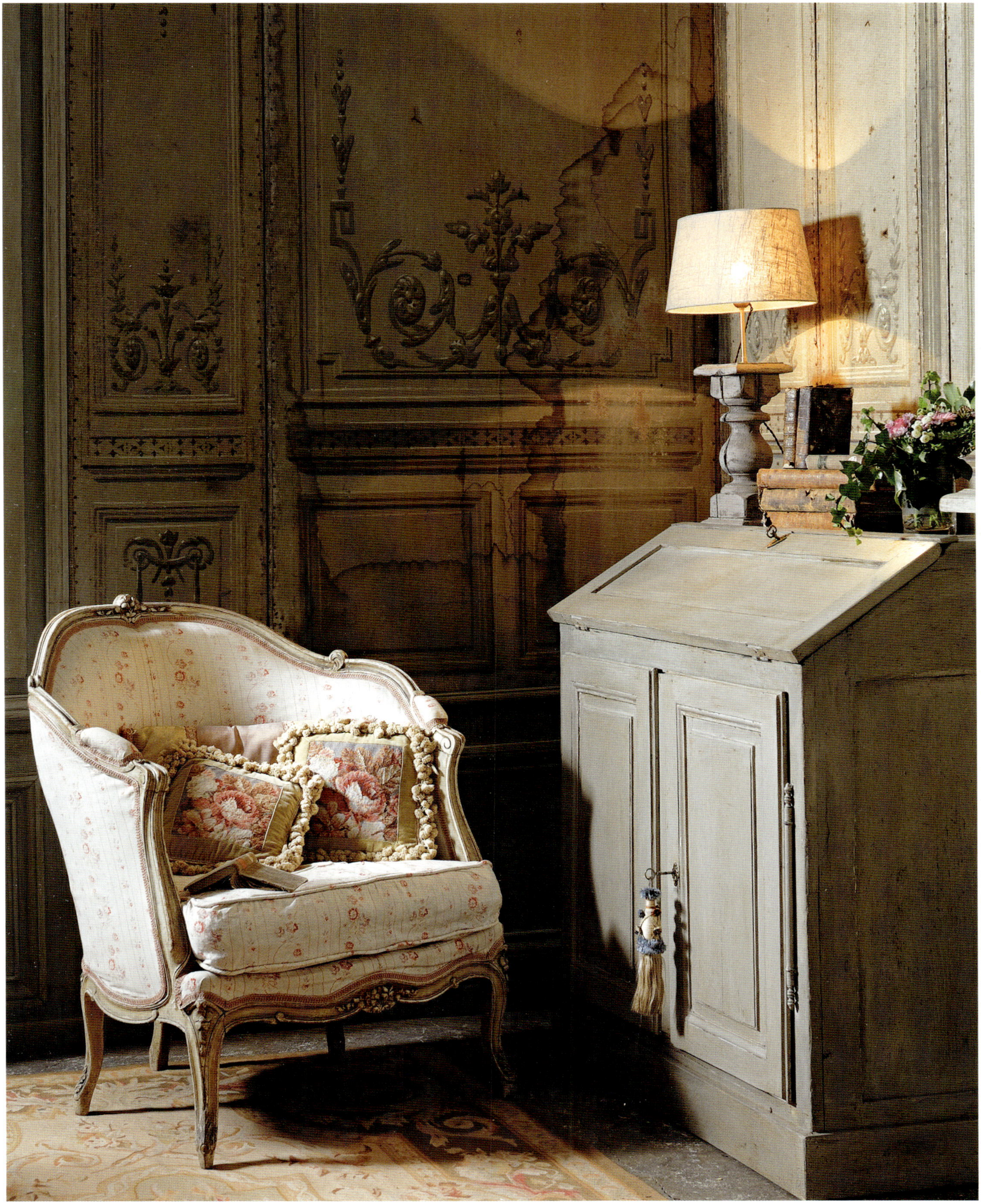

DEKORATION & MÖBELSTÜCKE [Gebälk und Holztäfelung]

1

Holztäfelungen

Ab dem ausgehenden Mittelalter werden in Herrenhäusern die Wände und Decken der kleinen Zimmer, die als Rückzugsraum dienten, mit Holztäfelungen verkleidet, um die vom Kamin abgegebene Wärme zu erhalten. Ab dem 16. Jahrhundert kommen sie mehr und mehr in den Gebrauch, dienen als Türumrandungen und werden mit Landschaftsdekoren und Girlanden versehen. Im 17. Jahrhundert sind sie für den Komfort bereits unerlässlich, doch erst im 18. Jahrhundert erlangt die Arbeit der Schreiner, insbesondere für Holzvertäfelungen, ihren tatsächlichen Höhepunkt. Heute sind diese alten Holztäfelungen erneut gefragt und bezaubern uns noch immer. Manchmal sind sie ihrer eigentlichen Funktion enthoben, treten dezent mit verblichener Farbe oder ganz einfach ohne irgendeine Spur von Patina auf.

1] Diese Holztäfelungen wurden aus alten Materialien erstellt und verbergen Stauräume rund um einen Kamin. Sie sind den dekorativen Künsten des 18. Jahrhunderts nachempfunden und zeigen handgemalte Blumen und Girlandenmotive, alle in Sandtönen auf hellem Holz. Für mehr Funktionalität und zur Aufbewahrung von Geschirr oder Büchern gibt es geschlossene und offene Stauflächen, die durch einfache Gitter verschlossen sind.

2] Das Zimmer ist lichtdurchflutet und strahlt sowohl Ruhe als auch eine gewisse Ursprünglichkeit aus. Es wurde sorgfältig restauriert und hat eine Decke aus alten Eichendielen, die aus einem Schloss stammen. Die handgearbeitete Bibliothek nimmt das Kopfende ein und bildet so eine Art Alkoven. Die alten Bücher mit den über die Jahre abgewetzten Einbänden reihen sich in den Regalen aneinander und sorgen für eine warme Atmosphäre als Kontrast zum makellosen Weiß der Bettwäsche und der Wände.

DEKORATION & MÖBELSTÜCKE [Gebälk und Holztäfelung]

1] Die imposanten Holztäfelungen, die man im Osten Frankreichs aufgestöbert hat, finden in diesem Salon in der Normandie zu altem Glanz zurück. Um diesen Aspekt zu erhalten, wurden die Täfelungen und Holzkassetten abgebeizt, sandgestrahlt und gebleicht. Für ein freundliches Ambiente sorgen die Terrakottafliesen in warmen Tönen und ein herrlicher Spiegel aus vergoldetem Holz dient als Blickfang über dem Kamin.

DEKORATION & MÖBELSTÜCKE [Gebälk und Holztäfelung]

1

1] Das Esszimmer birgt einen schönen Schatz. Der herrschaftliche Kamin, der wie ein Ofen aussieht, liegt in Blickhöhe der Gäste. Der Abzug ist mit weißen Fliesen verkleidet und in perfekter Symmetrie von holzvertäfelten Schränken umgeben. Die Dekoration des Raumes ist authentisch, schlicht und spielt mit dem makellosen Weiß, das durch die Eichenplanken an der Decke und den schiefergrauen Steinboden eine warme Note erhält.

2] Gebälk und Fachwerk gehören zu französischen Landschaften einfach dazu. In diesem Haus in der Region Landes, das nach allen Regeln der Kunst renoviert wurde, teilen sich alte Materialien den Raum: hundertjährige Eiche, gemütliche Ziegel, Terrakotta aus dem Südwesten und gekalkte Wände.

DEKORATION & MÖBELSTÜCKE [Gebälk und Holztäfelung]

1] Die Küche verfügt über einen winzigen Schrank, in dem Geschirr und Utensilien Platz finden. Obwohl der Raum so klein ist, wird er mit einem Paar alter Türen verschlossen, die in die Holzvertäfelung eingelassen sind.

2] Das im Süden Frankreichs gelegene Haus hat seine ursprüngliche Bauweise bewahrt. An den Decken wurden die Balken belassen, die typischen Steinwände der Region erstrahlen in ihrer natürlichen Schönheit. Im Eingangsbereich ist ein alter Brotbackofen eingebaut. Der mit Steinen aus der Bourgogne gefliester Boden rundet das Dekor ab und harmoniert bestens mit dem langen Landhaustisch und den rustikalen, bequemen Stühlen.

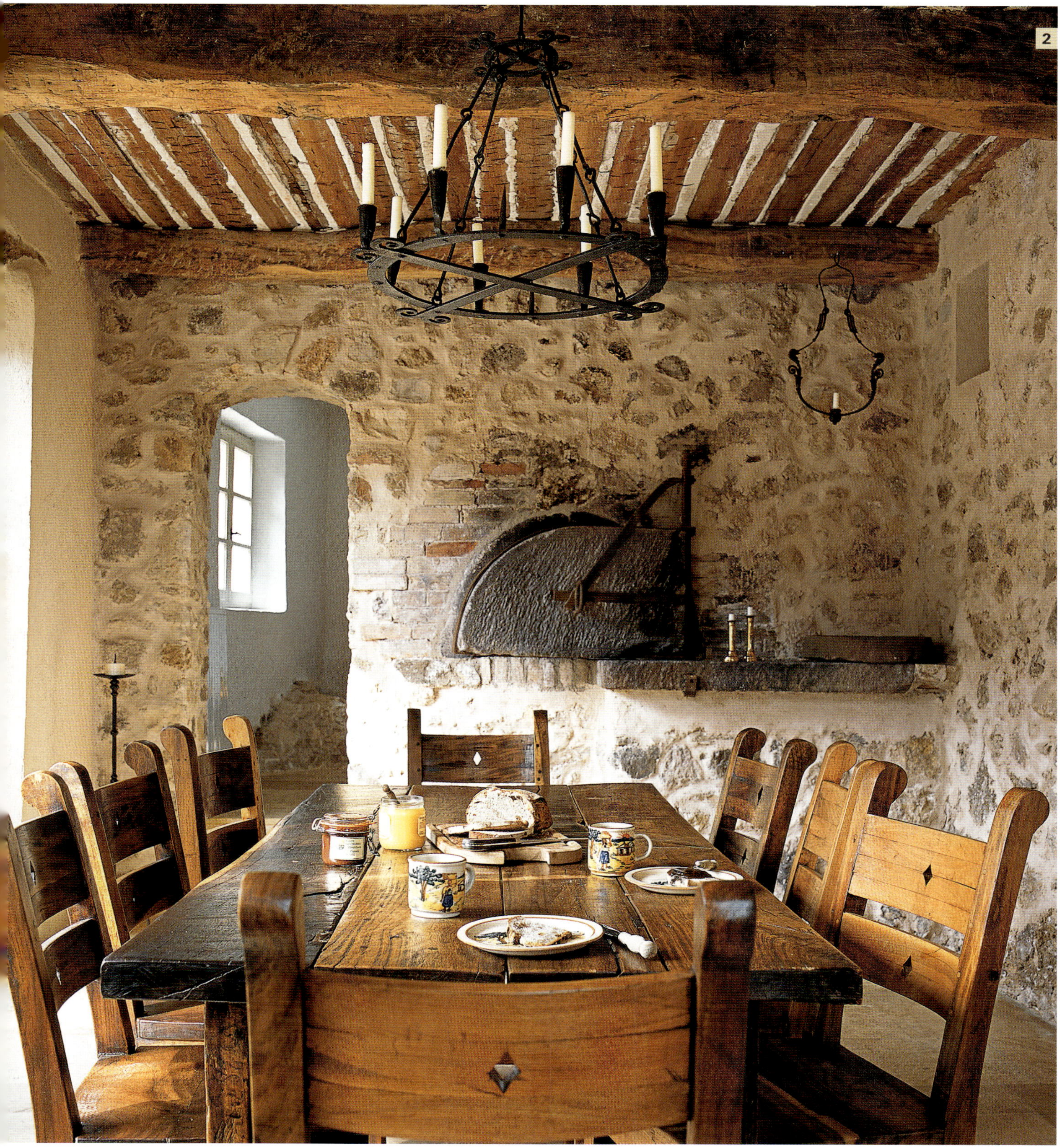
2

[Trennwände und charmante Raumteiler]

Sie trennen Räume voneinander ab, ohne jedoch zu viel Licht zu nehmen. Der Atelierstil, der sich durch große, durch Sprossen unterteilte Fenster oder Türen auszeichnet, ist sehr begehrt und lässt sich in Wohnung oder Haus ganz einfach mit verschiedenen Stilrichtungen kombinieren. Orangerie-Fassaden enthüllen ihre ganze Architektur und Paddock-Türen sorgen für eine Überraschung.

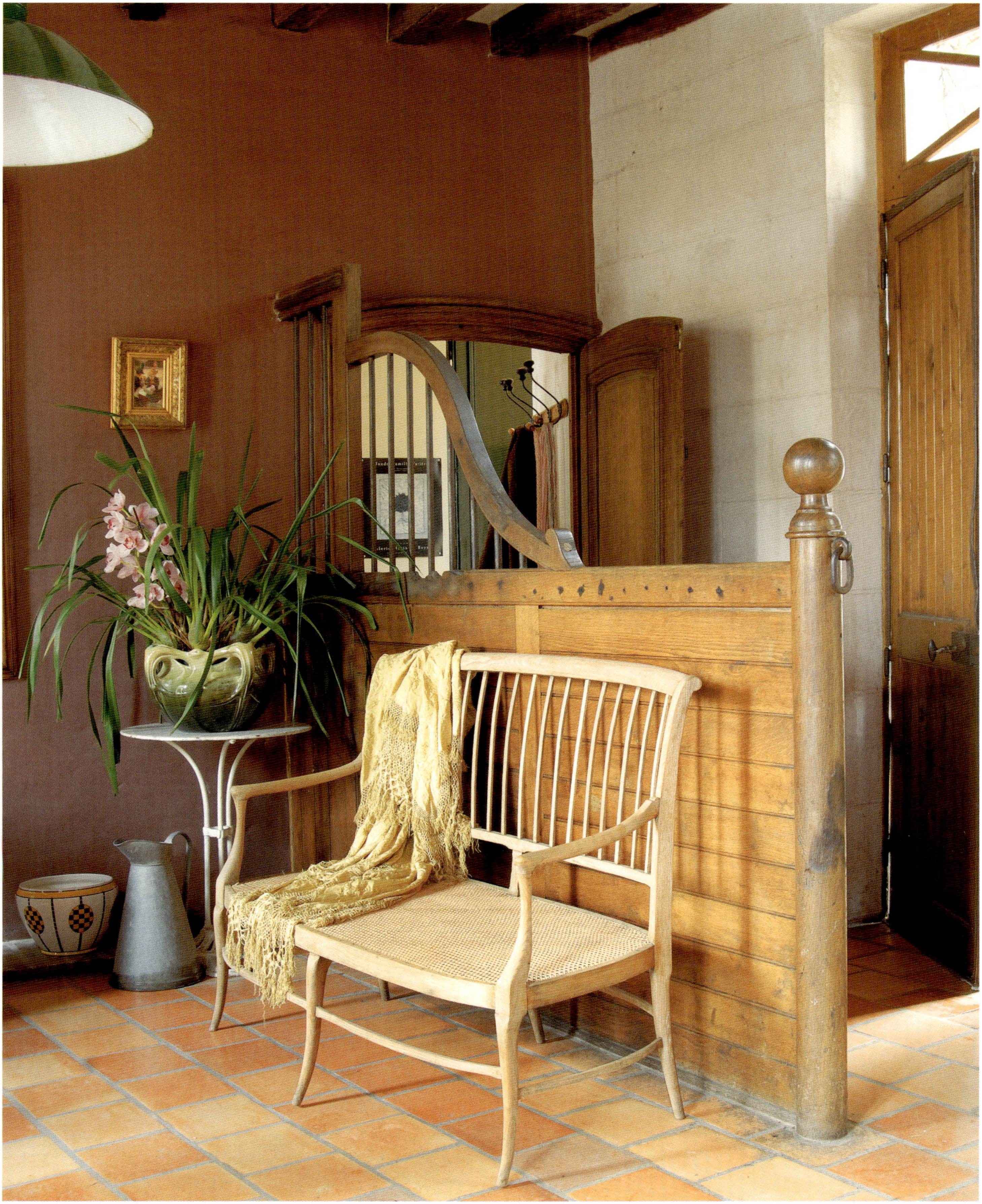

DEKORATION & MÖBELSTÜCKE [Trennwände und charmante Raumteiler]

1] Die großzügige Küche ist vom angrenzenden Raum durch eine Glaswand getrennt. Diese Art von Abtrennung lässt sich ganz einfach in eine Inneneinrichtung im Vintage- oder Industriestil integrieren. Nur der obere Teil ist verglast, der untere Teil dient als Stauraum und das Licht fließt ungehindert von einem Raum in den anderen.

2] Nachdem der Hausherr die verschiedenen Trennwände im Erdgeschoss entfernt hatte, baute er stattdessen eine kleine Backsteinmauer. Darüber sind Glasfenster aus lackiertem, rostigem Eisen montiert, die die Küche vom Rest abtrennen, ohne sie jedoch den Blicken zu entziehen. Damit eine gewisse Einheit gewahrt bleibt, wurden die Unterschränke in die Backsteinwand eingemauert. Darüber wurde eine Holzarbeitsplatte in Blockform eingelassen und um ein gefliestes Stück aus weißen Steinen aus dem Departement Lot verlängert.

2

DEKORATION & MÖBELSTÜCKE [Trennwände und charmante Raumteiler]

1] In diesem großen Raum hat man das Schlafzimmer durch eine recht originelle Trennwand vom Wohnraum abgetrennt. Der verglaste Teil besteht aus hellem, vergoldetem Holz und wurde auf ein großes Tuchmachermöbelstück mit vielen Schubladen montiert, die als Stauraum willkommen sind.

2] Die maßgefertigte Glaswand trennt die Küche vom Esszimmer. Durchbrochenes, rostiges Metall und Glaseinsätze teilen sich den Raum mit Möbeln im Industriestil: rot glänzende Tolix-Stühle, ein Tisch aus rohem Holz mit Metallfüßen, eine Hängelampe aus einer Fabrik – nichts wurde dem Zufall überlassen.

DEKORATION & MÖBELSTÜCKE [Trennwände und charmante Raumteiler]

1

[76]

1] Die Küche beim Eingang ist durch eine maßgefertigte Zwischenwand vom Gang abgetrennt. Sie ist weiß gestrichen und bildet einen Kontrast zum blauem Steinboden und den Eichenverkleidungen an der Decke. Die Trennwand mit echten Fenstern und mit einem Tablett ist praktisch und wird zu einer nützlichen Durchreiche.

2] In diesem holzverkleideten Elternschlafzimmer dient ein Fensterrahmen als charmante Trennwand zum Badezimmer. Eine originelle Idee, die zusätzlich für mehr Helligkeit sorgt.

DEKORATION & MÖBELSTÜCKE [Trennwände und charmante Raumteiler]

1] In dieser kleinen Wohnung in Nantes dient ein Gartengewächshaus als außergewöhnliches Kuriositätenkabinett.

2] Die Trennwand aus einem Wintergarten im Stil der Jahre um 1900 integriert sich problemlos in diese gemütliche Inneneinrichtung. Eine Zwischenwand mit überraschendem Charme und mit Blei eingefassten Scheiben gliedert den Raum mit Leichtigkeit und bietet die Möglichkeit, das Sofa auf die Wohnzimmerseite zu stellen.

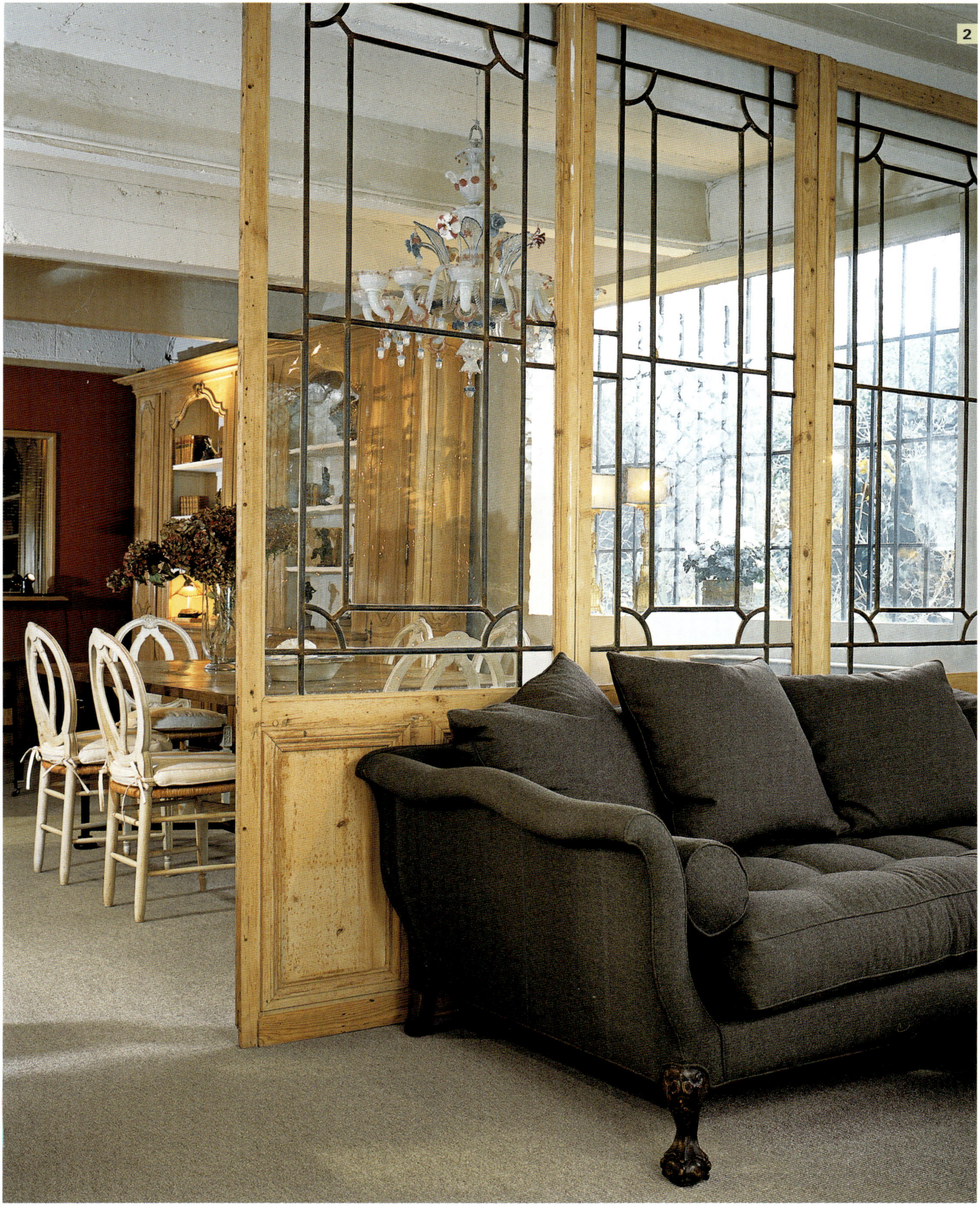
2

[Türen und Fensterläden]

Alte Türen rivalisieren in ihrer Schönheit und treten, je nach Epoche, in unterschiedlichen Ausführungen in Erscheinung. Mit Schnitzereien versehen, halb verglast oder mit zwei Flügeln – sie vereinen Vergangenheit und Moderne mühelos. Fensterläden bieten eine Reihe von Einrichtungsmöglichkeiten. Ob naturbelassen, mit Patina oder neuem Anstrich, sie halten in unseren Räumen als witzige Schranktüren Einzug.

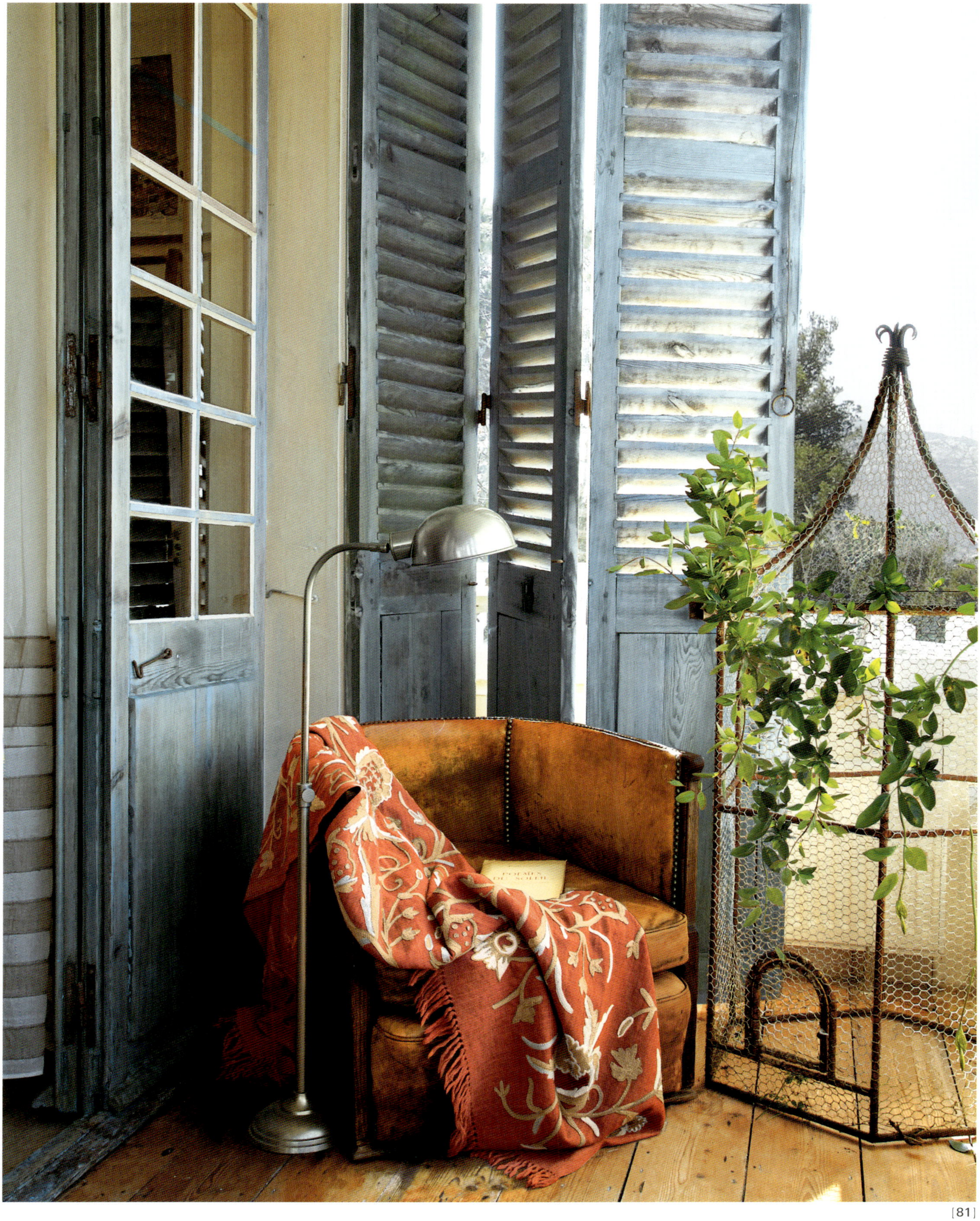

DEKORATION & MÖBELSTÜCKE [Türen und Fensterläden]

1

1] Die alten Türen rufen Bewunderung hervor und fügen sich anmutig in moderne Räume ein. Diese Doppeltür aus dem 19. Jahrhundert führt ins Wohnzimmer und ist mit säuremattierten Glaselementen versehen. Die Tür hat nach dem Abbeizen und dem Anbringen neuer Beschläge und Türgriffe vom Flohmarkt sowie dem Auftragen einer schönen Patina zu ihrem alten Adel zurückgefunden.

2] Die vielen Läden stammen aus einer Versailler Wohnung und erfüllen nun eine neue Aufgabe. In dieser Anordnung nehmen sie die gesamte Wandbreite gegenüber dem indonesischen Tisch ein. Um den Anschein unterschiedlicher Materialien zu erwecken, wurden einige Läden abgebeizt, andere geweißt oder im ursprünglichen Zustand belassen. Eine gute Idee, die man sich merken sollte und die Schönes mit Nützlichem verbindet.

DEKORATION & MÖBELSTÜCKE [Türen und Fensterläden]

1] Die Tür im Art-Déco-Stil passt perfekt zum Ambiente dieses Badezimmers. Auf die Scheibe ist eine ländliche Darstellung graviert und die Tür sorgt unbestritten für einen Hauch von Eleganz und Weiblichkeit.

2] Die alte Tür von einem Flohmarkt in Dänemark passt zum Stil der vom Boden bis zur Decke in Holz gehaltenen Küche aus wiederverwendeten Materialien. Die kunstvoll gearbeitete Tür, die die Küche vom Eingang trennt, lässt den kleinen Raum optisch größer wirken.

2

DEKORATION & MÖBELSTÜCKE [Türen und Fensterläden]

1] Die Küche, das Herzstück dieses Hauses im Departement Landes, sorgt für eine einfache und authentische Stimmung. Die ehemalige Bauernhaustür, umgeben von hundertjährigen Balken, öffnet sich zu einem Tisch aus rohem Holz hin, an dem zwei Bänke stehen.

2] Die beiden Türen im Louis-Quinze-Stil passen perfekt zu dem sanften und nostalgischen Ambiente des Raums. Sie wurden in einem graugrünen Farbton neu gestrichen und bilden eine Harmonie mit dem Aubusson-Teppich (Neuauflage), dem Kristallleuchter sowie den Leinenbildern, im Stil des 18. Jahrhunderts aus dem Atelier Danielle Mercier.

2

DEKORATION & MÖBELSTÜCKE [Türen und Fensterläden]

1] Der Wäscheraum gehört zu den Orten, deren Einrichtung Bedenkzeit erfordert. Wie lässt sich Funktionalität mit Schönheit verbinden? Für eine individuelle Gestaltung des Raumes wurden hier Schränke ausgewählt, die mit ehemalgen Eichenfensterläden geschlossen werden. Die mit einer einfachen Holzvertäfelung versehenen Wände sind in einem dunklen Pflaumenton gestrichen. Große Weidenkörbe sorgen für eine zusätzliche Dekoration.

2] Hinter dem außergewöhnlichen Fensterladen verbirgt sich eine Nische mit einem Kinderbett. Um dem Gefühl des Gefangenseins zu entgehen, wurde die Holzplatte auf eine Schiene montiert und kann so hin- und hergeschoben werden. Für den Industrie-Look sorgen der Acrylanstrich des Holzes sowie die mit Salzsäure oxydierten Schienen.

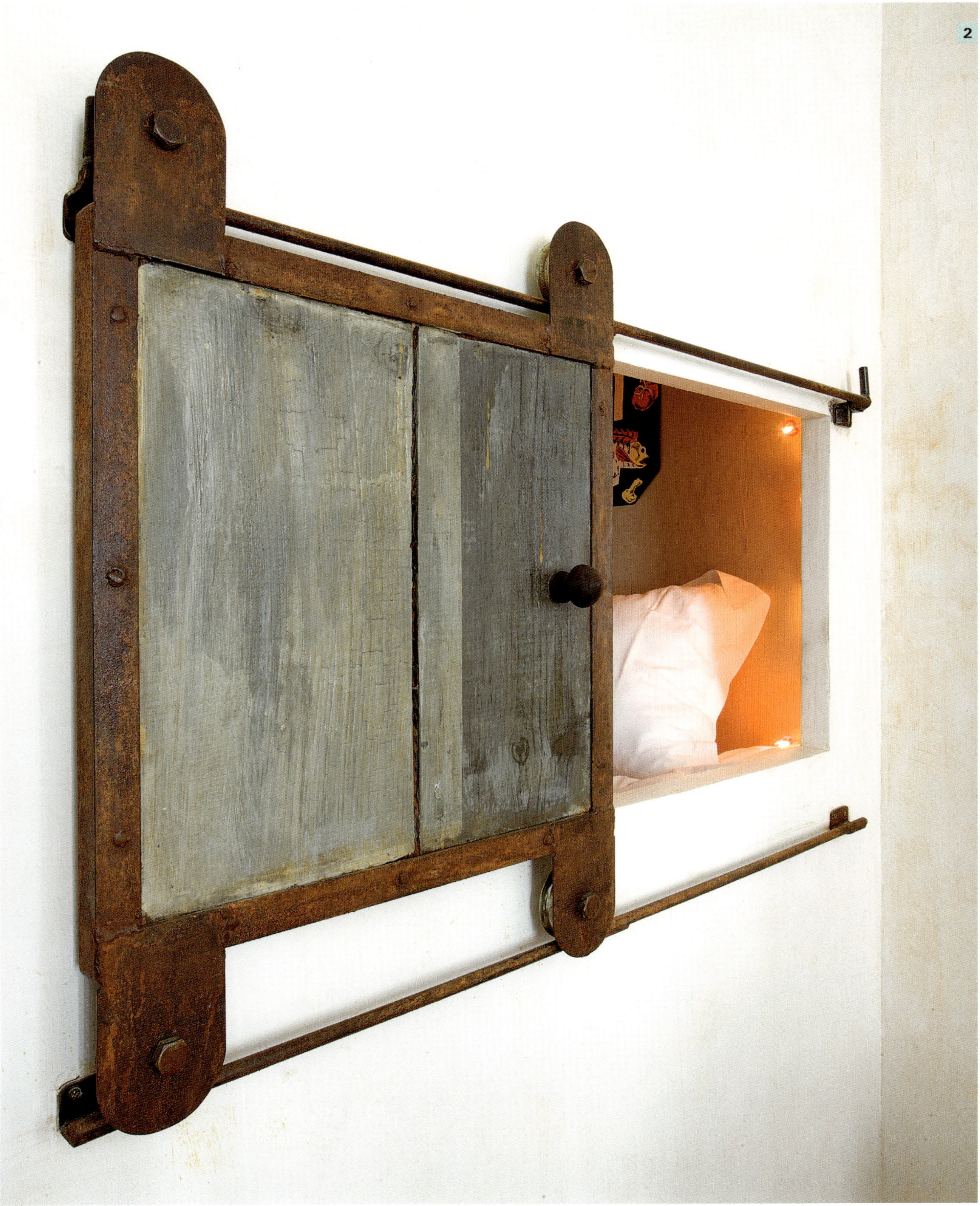
2

DEKORATION & MÖBELSTÜCKE [Türen und Fensterläden]

1] Die ehemaligen Läden mit den Schnörkelmotiven aus der Touraine haben in der Küche Einzug gehalten. Zu Schranktüren umfunktioniert und in zartem Blau gestrichen, werden sie so zu unverzichtbaren Dekoelementen.

2] Mit alten Gattern, die jetzt als Schranktüren dienen, lässt sich der Garten ins Zimmer holen. Sie wurden auf einfache Rahmen mit Vollgipsplatten montiert, wobei die Fassade die Originalität dieses Schranks ausmacht. Die ursprünglichen Verschlüsse konnten beibehalten werden und der bläuliche Farbton verleiht dem Raum eine maritime Note. Das Oberlicht, das den Raum überragt, sowie die Leiter wurden farblich ebenfalls angepasst. Das Bett ist mit einer handgearbeiteten Tagesdecke überzogen, die aus altem Matratzendrillich hergestellt wurde.

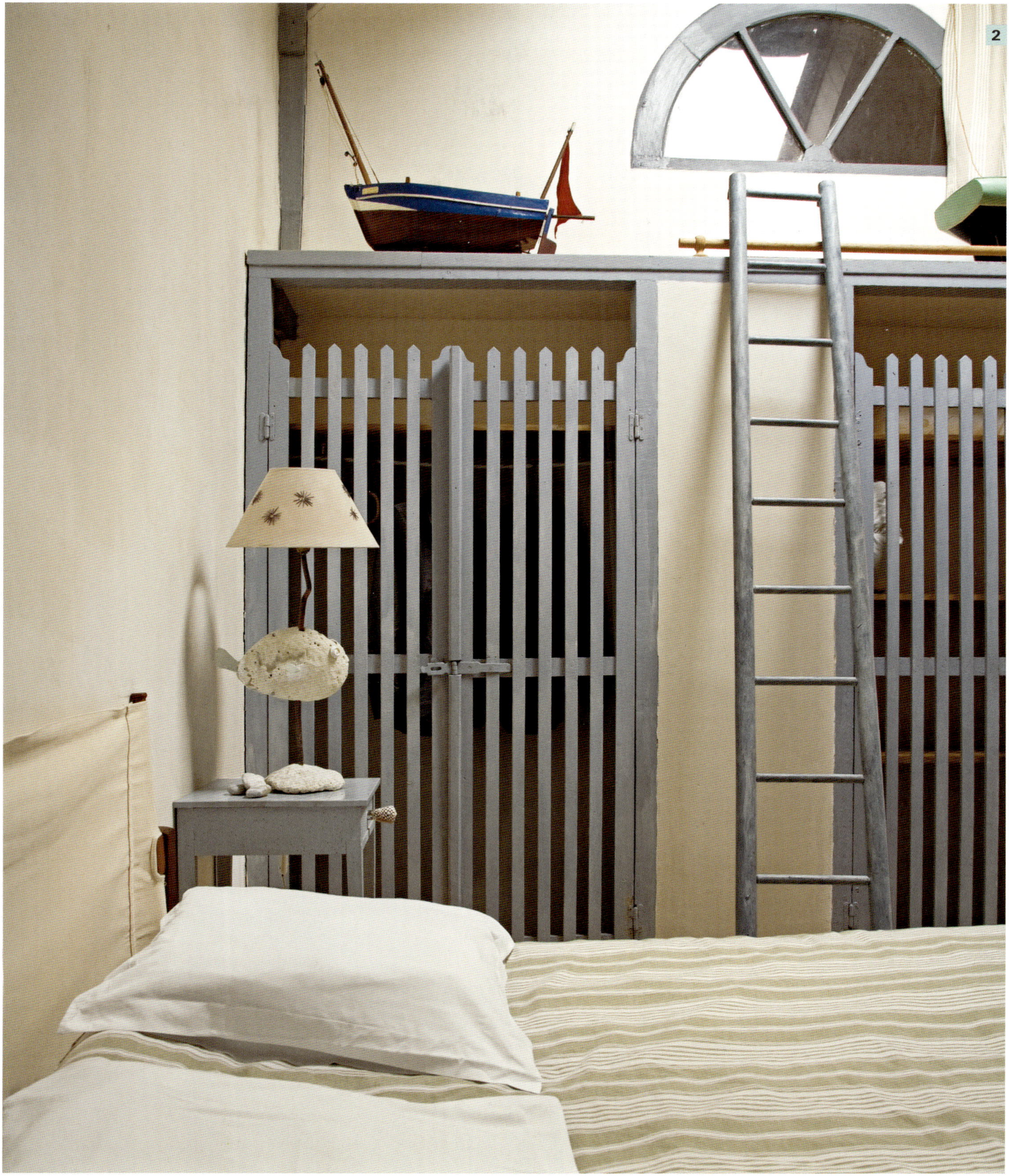
2

[Spülbecken]

In der Küche halten alte Einrichtungsgegenstände Einzug und sorgen für eine unvergleichlich warme Atmosphäre. Alte Spülbecken, oft aus Stein oder Steinzeug, werden zum Mittelpunkt der Dekoration. Doch will man Neugierde wecken und Erstaunen erzeugen, so müssen Großmutters alter Waschstein oder eine Tiertränke her.

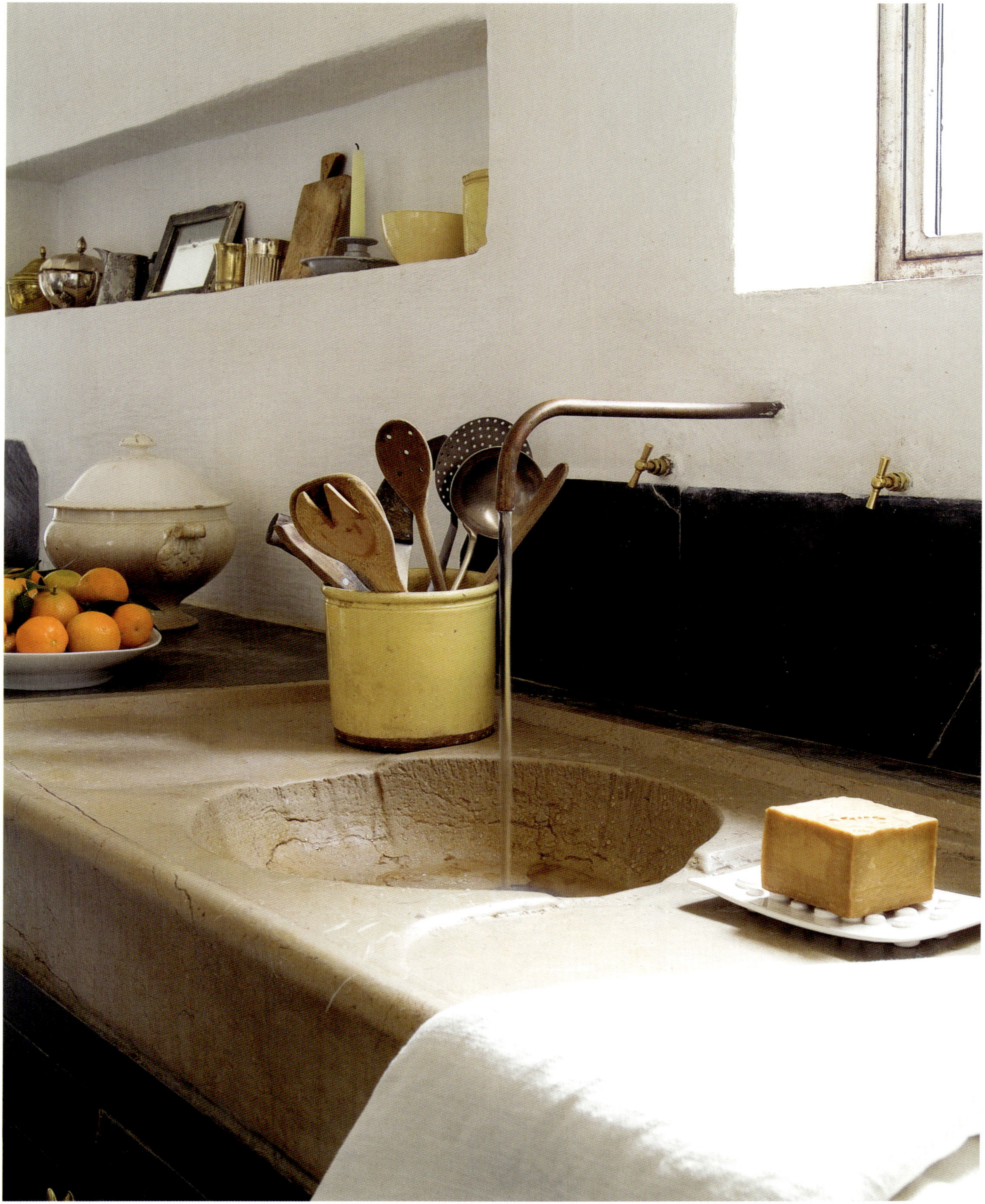

DEKORATION & MÖBELSTÜCKE [Spülbecken]

1

1] In dieser Küche sorgt ein außergewöhnliches Spülbecken für Aufsehen: Die Tränke aus Zink vom Flohmarkt nimmt fast eine ganze Wandseite ein. Zwei metallgraue gespritzte Industrieleuchten sowie ein mit Zink überzogener Tisch vervollständigen die Dekoration.

2] Das Steinspülbecken fügt sich elegant in die Einrichtung ein. Der Kalkputz in Naturfarben und der kupferfarbene Wasserhahn setzen diese außergewöhnliche Wasserstelle unter dem Fenster in Szene.

DEKORATION & MÖBELSTÜCKE [Spülbecken]

1] Das Steinspülbecken stammt von einem Antiquitätenhändler und scheint schon seit Jahrhunderten hierher zu gehören, denn es passt sich perfekt der Steinwand der Küche an. Eine Armatur aus Kupfer und Steingut aus Südfrankreich runden das Ganze ab.

2] Das restaurierte Steinspülbecken wurde unter dem Fenster eingebaut. Die Arbeitsplatte sowie die Fensterabdeckung wurden nach Maß gearbeitet und sind mit Stuck versehen. Ein altes Geschirrhandtuch wurde auf einer einfachen Stange aus antikem Metall mit Ringen montiert und dient als bezaubernder Sichtschutz.

Alte Spülbecken

Sie sind wegen ihrer Formen und der manchmal in Vergessenheit geratenen Materialien beliebt. Je nach Herkunft konnten sie im Roussillon aus rotem Marmor, im Elsass aus rosa Sandstein oder aber, wie in den meisten Regionen, aus Stein sein. Die alten Spülbecken waren meist nicht sehr tief und können ein komplettes Abschleifen erforderlich machen, um ein paar Zentimeter hinzu zu gewinnen. Die tiefen und rechteckigen Spülsteine, in der Regel aus Porzellan, halten in unseren Küchen Einzug.

[2]

DEKORATION & MÖBELSTÜCKE [Spülbecken]

1] Bei dem Spülbecken und der Arbeitsplatte, beide aus rosa Marmor aus Spanien, wurden die Kanten roh belassen. Alles harmoniert bestens mit den emaillierten Terrakotta-Wandfliesen.

2] Das alte Zinkbecken hat im Sommerbadezimmer Platz und eine neue Funktion gefunden. Als originelle Wasserstelle dient es als Waschgelegenheit nach der Gartenarbeit.

DEKORATION & MÖBELSTÜCKE [Spülbecken]

1] Dieser kleine Waschraum mit Werkstattatmosphäre birgt eine Überraschung in sich, denn die Zinkwanne vom Flohmarkt wurde in eine Platte aus Baubrettern eingelassen und dient nun als Waschbecken. Eine günstige und originelle Idee!

2] Das Spülbecken aus Sandstein aus den Vogesen passt sich ganz natürlich dieser Küche mit Gegenständen vom Flohmarkt an. Es ist mit einer Arbeitsplatte und einer Rückwand aus Terrakotta verbunden. Die Fronten stammen von Türen und Schubladen verschiedener renovierter Möbel.

2

[Arbeitsmöbel und Industriemobiliar]

Sie finden reichlich Nachahmer, sind aber unbestritten die Meister der Ordnung: Metallregale, Registraturschränke, Tuchmachertische und sonstige Möbelstücke aus der Arbeitswelt halten nun auch in unseren Wohnräumen Einzug. Klare Linienführungen und Kombinationen aus Holz und Metall sind kennzeichnend für diese Möbelstücke, die eine ganz eigene Stilart erschaffen haben und nicht mehr einfach nur als Trend bezeichnet werden können.

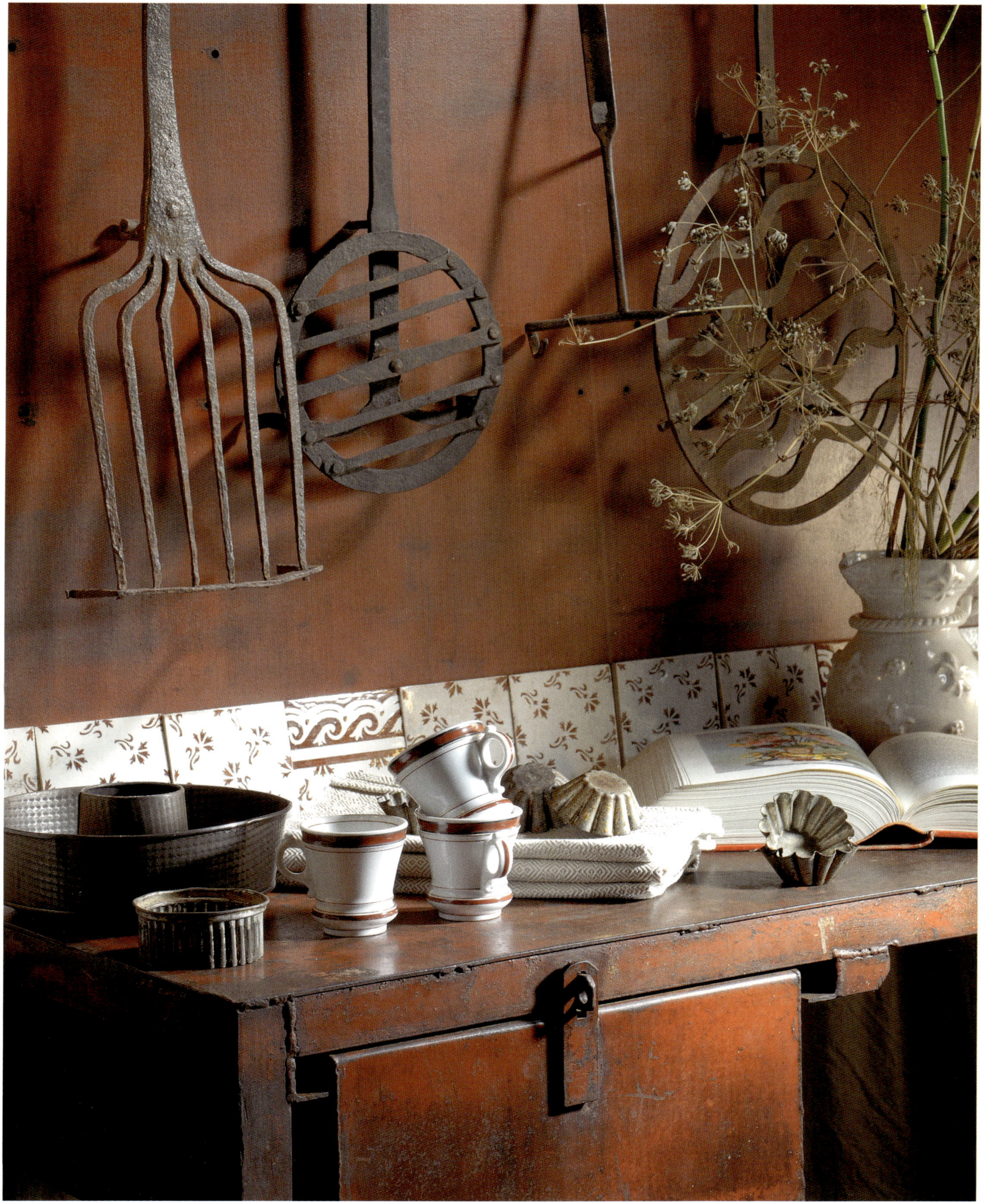

DEKORATION & MÖBELSTÜCKE [Arbeitsmöbel und Industriemobiliar]

1

1] Wer hätte das gedacht? Dieses charmante Möbelstück mit Patina in Altweiß ist nichts anderes als ein Schrank aus einer Sakristei. Er diente früher zur Aufbewahrung der Priestergewänder, heute enthalten die Schubladen Tischwäsche. Der große, zweiteilige Schrank hat oben abschließbare Fächer sowie eine Abstellfläche, auf der allerlei Nippes vom Flohmarkt Platz findet.

2] Aus dem ehemaligen Vorratsschrank aus der Region um Saint-Étienne wurde ein bezaubernder Geschirrschrank. Er ist mit Hasendraht versehen und gewährt freie Sicht auf hübsches altes Geschirr. Ein Pferd aus Stoff und Holz aus dem 19. Jahrhundert, das auf einer Konsole mit Metallgestell und Marmorplatte steht, überblickt das Ganze.

DEKORATION & MÖBELSTÜCKE [Arbeitsmöbel und Industriemobiliar]

1

1] Arbeitsmöbel sind wahre Verwandlungskünstler. In dem Esszimmer mit Teakboden wurde der Schrank aus dem 19. Jahrhundert aus einer Kurzwarenhandlung in ein Sideboard umfunktioniert.

2] Der zeitlose und gut erhaltene Garderobenschrank vom Anfang des 20. Jahrhunderts hat seine eigentliche Funktion bewahrt. Er war ursprünglich zum Aufhängen der Kleidung Angestellter gedacht und kann nun für mehr Stauraum mit zusätzlichen Regalbrettern versehen werden.

DEKORATION & MÖBELSTÜCKE [Arbeitsmöbel und Industriemobiliar]

1] Die Küche ist mit sanierten Möbeln bestückt und setzt auf Farbe und alte Materialien. Der Holztisch mit der von den Jahren abgenutzten Oberfläche wurde blutrot gestrichen und vermittelt eine gewisse Stattlichkeit. Der imposante Schrank eines Saatguthändlers hingegen hat ein intensives Blau erhalten, wodurch die Nummernschilder gut zur Geltung kommen. Die Abdeckung ist mit einer dicken Steinplatte versehen und ergibt so eine elegante und pflegeleichte Arbeitsplatte.

2] Die Mechanikerwerkbank aus den 1940er-Jahren aus Eisen und Holz wurde zu einem Schreibtisch umfunktioniert. Zusammen mit einem Industrie-Drehstuhl verleiht sie dem Raum einen authentischen und individuellen Charakter.

DEKORATION & MÖBELSTÜCKE [Arbeitsmöbel und Industriemobiliar]

1] Der elegante ehemalige Registraturschrank hat nun in einem Badezimmer Platz gefunden. Zusammen mit Möbelstücken von Thonet enthüllt er das gesamte, seit Jahrhunderten bekannte Know-how französischer Handwerkskunst.

2] Das funktionale Möbelstück mit insgesamt 20 Schubladen stammt aus einer Fabrik und wirkt hier sehr stattlich. Es diente ursprünglich zum Lagern von Werkzeug, wurde im „Urzustand" belassen und erfüllt nun in einem Esszimmer seinen Zweck.

2

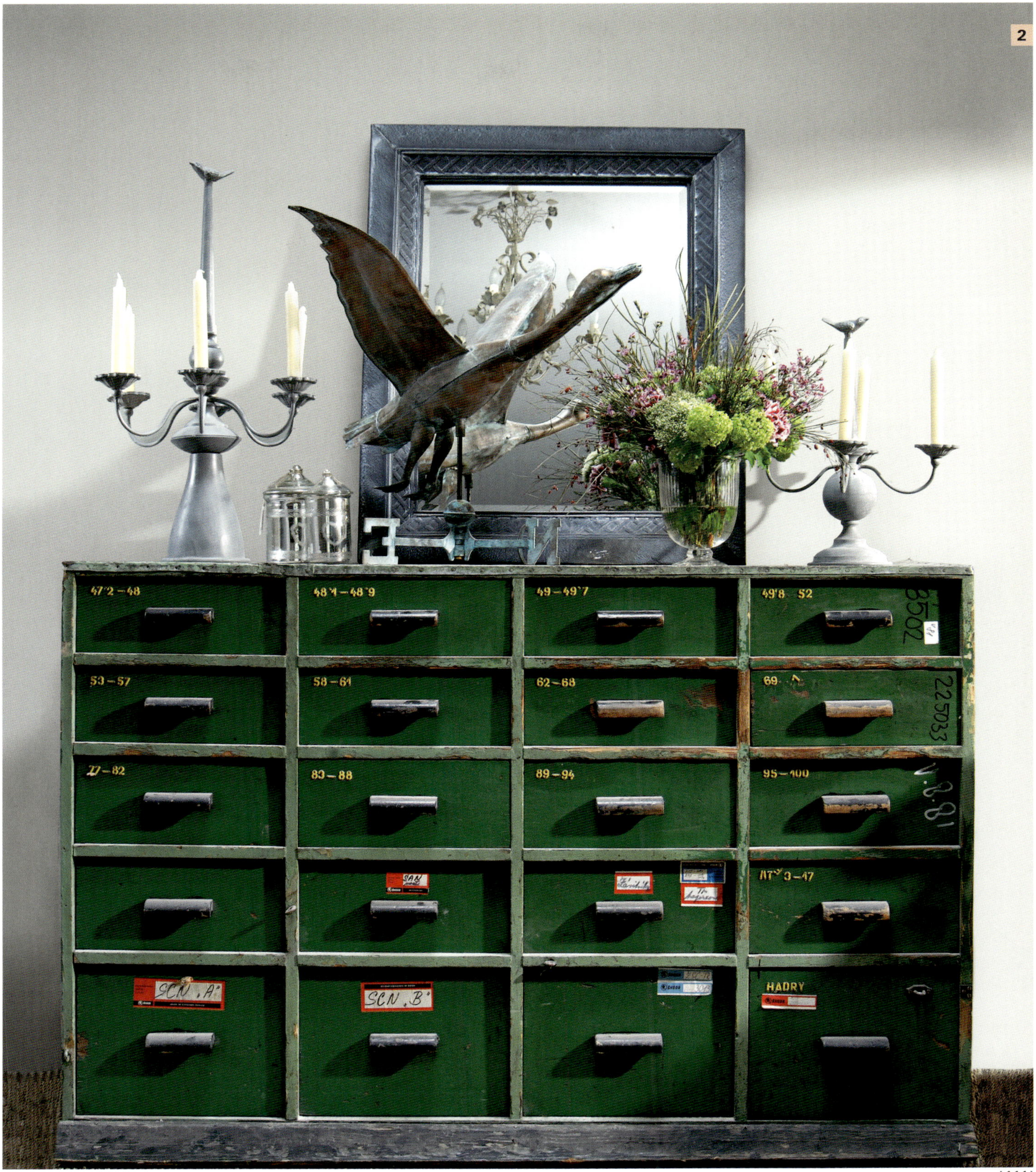

DEKORATION & MÖBELSTÜCKE [Arbeitsmöbel und Industriemobiliar]

1] Der ehemalige Tresen wurde zur Küchentheke umfunktioniert und wird so zum Mittelpunkt der Einrichtung. In einer auf alt gemachten Küche ist dies ein bezauberndes Element und bietet eine originale Arbeitsfläche mit funktionalen Regalen auf schönen Messinggestellen sowie zahlreiche Staumöglichkeiten im unteren Bereich.

2] Diese Anrichte war einst eine Werkbank. Sie ist aus massiver Eiche und vermittelt dadurch eine gewisse Rustikalität, die durch das feine, weiße Geschirr aufgefangen wird. Das große Zifferblatt der Wanduhr darüber bildet einen interessanten Kontrast.

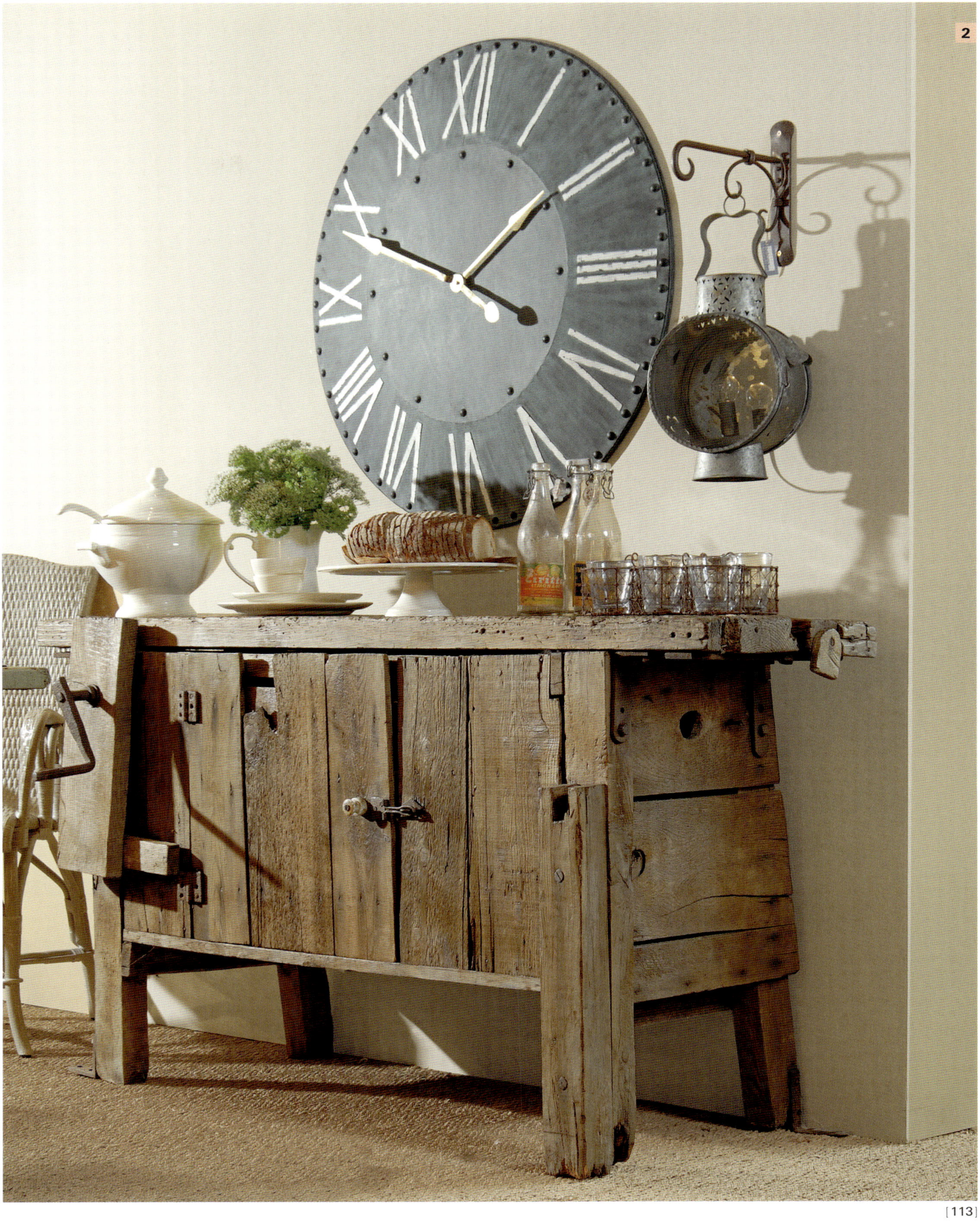

2

DEKORATION & MÖBELSTÜCKE [Arbeitsmöbel und Industriemobiliar]

1] Das Möbelstück aus einer Werkstatt verleugnet seine Herkunft nicht. Die Etiketten wurden in ihrem Zustand belassen und sorgen bei der Dekoration für Nostalgie.

2] Die Fächer des Werkstattregals wurden zu einem außergewöhnlichen Bücherregal umfunktioniert. Die leicht abgenutzten Etiketten haben Charme, ebenso wie die Farbspuren und die einfache und geometrische Struktur des Ganzen.

te à clape

DEKORATION & MÖBELSTÜCKE [Arbeitsmöbel und Industriemobiliar]

1

1] Es ist nur schwer vorstellbar, dass dieses Möbelstück, das so viel Charme versprüht, von einer Werft stammt! Es wurde saniert, erhielt eine blaue Patina mit Krakelier-Effekt und dient nun als Sideboard.

DEKORATION & MÖBELSTÜCKE [Arbeitsmöbel und Industriemobiliar]

1] Dieser ehemalige Tuchmacherschrank, der aus einem offenen und einem geschlossenen Teil mit Schiebetüren besteht, bietet nun Platz für allerlei dekorative Gegenstände.

2] Dieses originelle Regal aus der Zeit um 1900 aus Bambus und Rattan diente einst als Aufsteller in einem Gemischtwarenladen. Es ist sehr funktional, steht auf Rädern und findet auf lustige Art und Weise als praktisches und ausgefallenes Aufbewahrungsstück in einer Küche seinen Platz.

Materialien

[Zementfliesen, Fliesen, Stein und Erde] 122
[Holz] 138
[Schiefer, Zink und Zinn] 146
[Backsteine] 154
[Verputz und Farbe] 160

[Zementfliesen, Fliesen, Stein und Erde]

Diese Materialien sind für Renovierungen unverzichtbar und sorgen für das erforderliche Maß an Authentizität. Zementfliesen sehen schön aus, sind seidenmatt und lassen sich nach Belieben kombinieren. Bei Stein mit seinen unnachahmlichen Farbtönen wird auf dessen Unregelmäßigkeiten gesetzt und Fliesen, die einige Jahrhunderte zugunsten von Holz in Vergessenheit geraten waren, kommen wieder zu neuen Ehren. Auch Erde, die schon seit Tausenden von Jahren als Baumaterial verwendet wird, erlebt derzeit angesichts des Trends natürlicher Baustoffe eine wahre Renaissance. Außerdem erweist sie sich auch als gute Wärmedämmung.

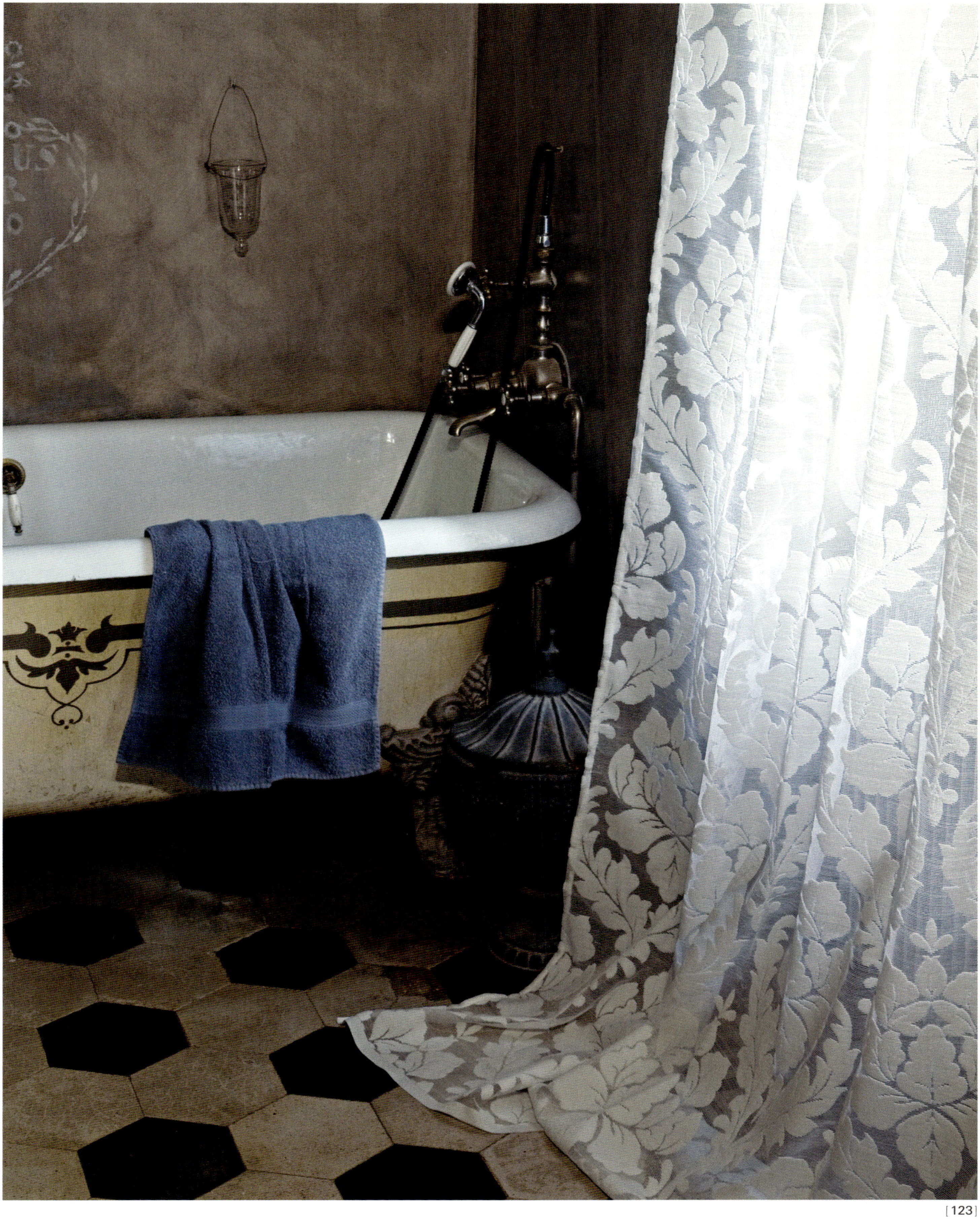

MATERIALIEN [Zementfliesen, Fliesen, Stein und Erde]

1] Die alten Fliesen stammen aus Indien und wurden auf einem Flohmarkt aufgestöbert. Sie dienen als Abdeckung für die gemauerte Arbeitsplatte. Die Zinkschubkästen des Bankmöbelstücks waren ursprünglich für Geldscheine gedacht und erweisen sich nun als origineller Stauraum für Kuchenformen.

2] Der erhabene Blaustein aus dem Hennegau kleidet die Arbeitsplatte auf einem Gestell aus alten Parkettdielen neu ein. Oberhalb des Spülbeckens ist die Armatur wie bei einem Brunnen angebracht und zwar ebenfalls in einer Verschalung aus Blaustein. Dieser Stein wird in Belgien seit Ende des Mittelalters für Sockel, Schwellen oder Fensterumrandungen verwendet. Heute hält er in unseren Küchen Einzug und findet immer mehr Anhänger.

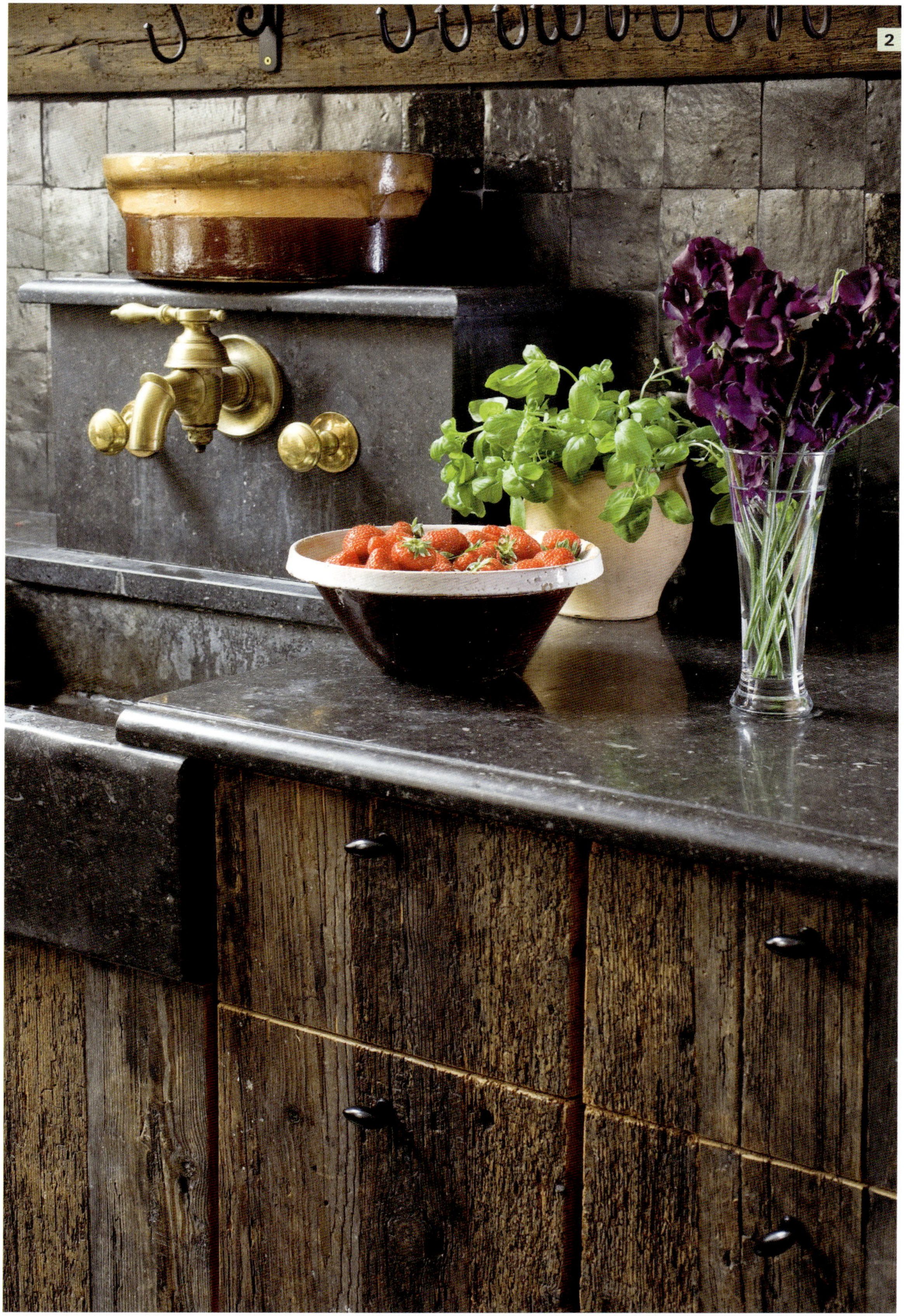
2

MATERIALIEN [Zementfliesen, Fliesen, Stein und Erde]

1] Zementfliesen gibt es in einer Vielzahl von Motiven, die sich problemlos miteinander kombinieren lassen, wie es die an Christian Lacroix übertragene Gestaltung des berühmten Hotels Le Bellechasse bezeugt. Der Modeschöpfer scheute sich nicht, im neobarocken Stil in schillernden Farben für außergewöhnliche Kombinationen zu sorgen.

2] Der Badezimmerboden ist mit den originalen Zementfliesen verkleidet und hat dadurch seinen ursprünglichen Charme bewahrt. Die alte Badewanne erhielt einen neuen Anstrich und kommt vor der Wand mit Zementfliesen in einem intensiven Taupeton voll zur Geltung. Das zarte Zusammenspiel von Grün- und Blautönen sorgt in dem schlichten und eleganten Raum für Intimität.

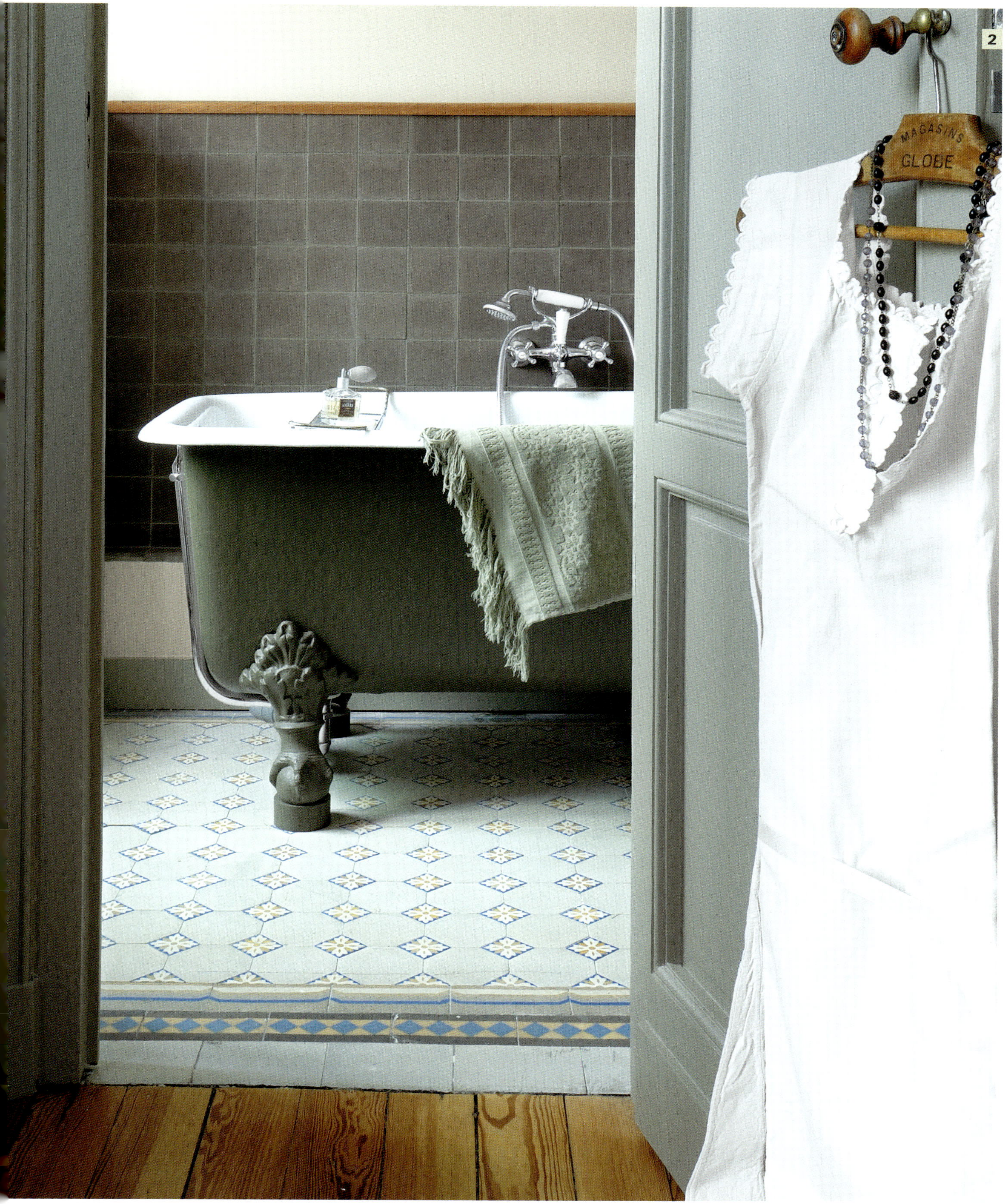

2

MATERIALIEN [Zementfliesen, Fliesen, Stein und Erde]

1] Die Zementfliesen wurden nach Maß gearbeitet und verkleiden den ansehnlichen Eingangsbereich dieses Hauses. Damit eine Spielbrettwirkung entsteht, wechseln sich die Motivfliesen mit zwei unifarbenen Tönen ab und setzen auf quadratische und rechteckige Formen. Eine gelungene Verbindung, die wunderbar mit der Treppe aus Naturstein harmoniert.

2] Die Fliesen mit Rosettenmotiv auf azurblauem Untergrund hellen das Badezimmer auf. Der blaugraue Farbton des Schranks betont dessen ganze Stattlichkeit, während ein Gondelsessel aus vergangenen Zeiten mit seinem vergoldeten Holz und dem luxuriösen Seidenbezug unter den kalten Farbtönen für etwas Wärme sorgt.

MATERIALIEN [Zementfliesen, Fliesen, Stein und Erde]

1] Das in einer Aussparung gelegene Spülbecken wurde vor einer Wand mit Fliesen in Braun- und Elfenbeintönen platziert, die eine Art Wandteppich bilden. Die Kupferarmatur fügt sich diskret in dieses Dekor ein und ein hübscher Fries betont den Landhausstil.

2] Unter dem geweißten Geschirrregal mit Patina kommen die alten Fliesen mit Motiven in Braun- und Elfenbeintönen, die in einer Küche im Landhausstil unerlässlich sind, besonders gut zur Geltung.

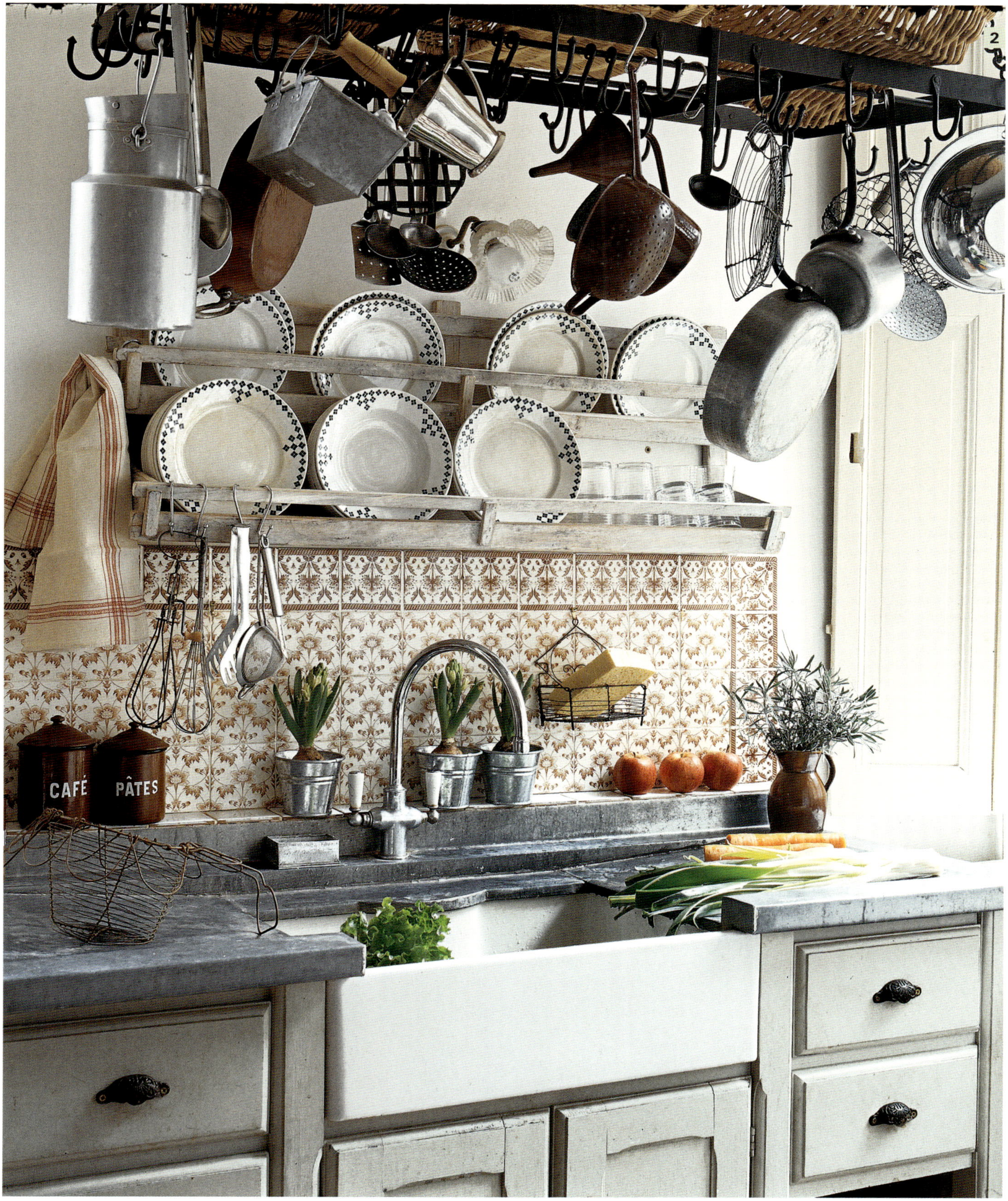

CAFÉ
PÂTES

MATERIALIEN [Zementfliesen, Fliesen, Stein und Erde]

1

1] In dieser auf alt gemachten Küche herrscht Weiß vor und die Keramikfliesen werden hier und da von Fliesen mit Lilienmotiven unterbrochen. Das verzierte Kopfteil eines Schranks überragt das Ganze majestätisch und sorgt an den einfach mit patinierten Paneelen verkleideten Wänden für Stimmung.

MATERIALIEN [Zementfliesen, Fliesen, Stein und Erde]

1] Ein Lehmboden erfordert Mut und Geduld. Für diese Honigfarbe wurden Hartöl und anschließend Karnaubawachs (ein Wachs aus den Blättern eines brasilianischen Baumes) aufgebracht, nachdem man die Erde zwei Monate hatte trocknen lassen. Eine gelungene Rückkehr zu den Wurzeln!

2] Die gemauerte Arbeitsplatte harmoniert mit dem alten Steinspülbecken und ist mit breiten Fliesen im selben Farbton verkleidet. Eine einzige Fliesenreihe, eine diskrete Armatur und ein luftiges Regal aus Eisendraht bilden ein einfaches Dekor, durch das die Wand ihre ganze Ursprünglichkeit bewahrt.

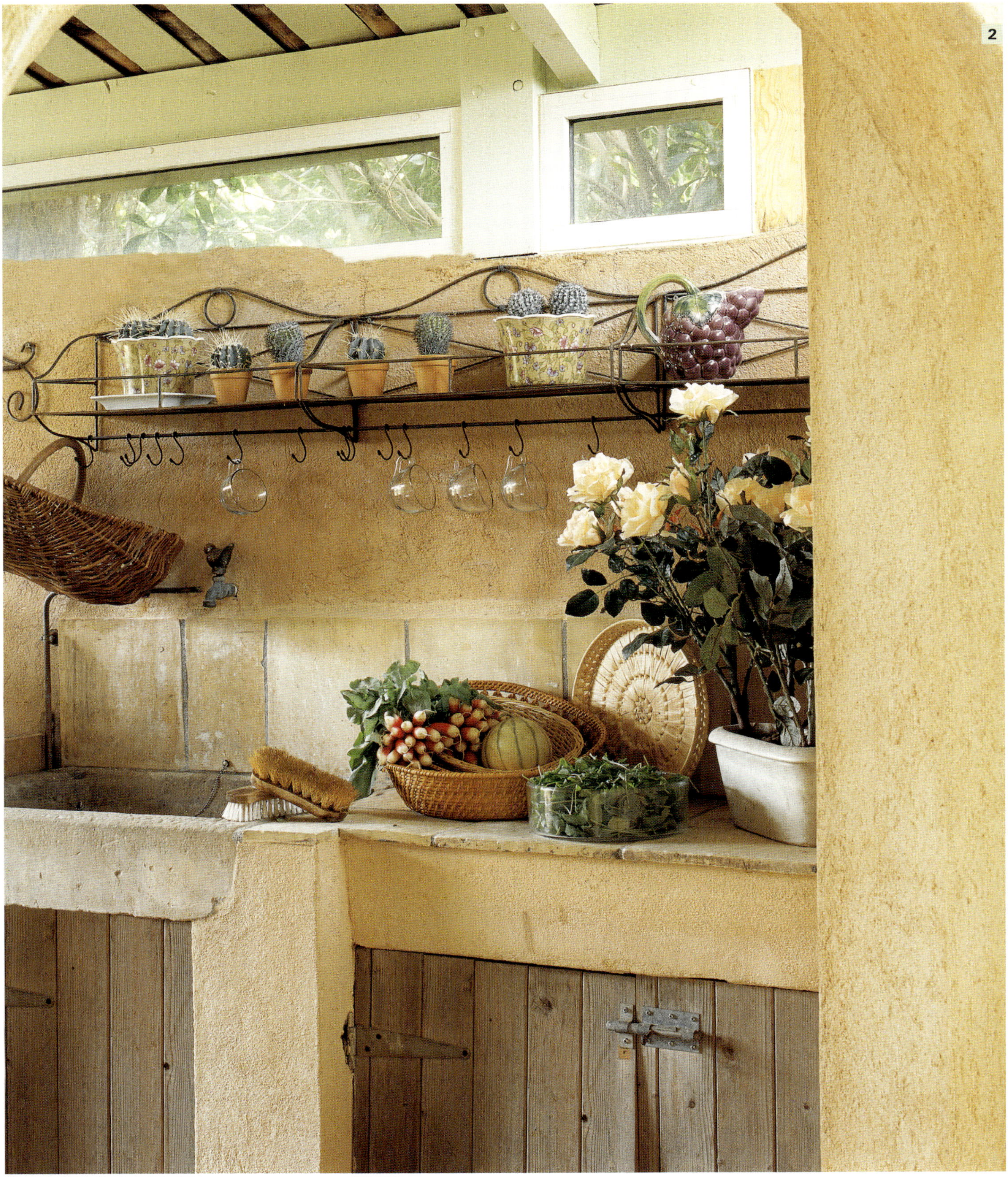
2

MATERIALIEN [Zementfliesen, Fliesen, Stein und Erde]

1] Rund um die Trägerstütze wurde die Steinmauer freigelegt und im Rohzustand belassen – somit stellt sie ein echtes Dekoelement dar. Dies wird durch das diffuse Licht einer Lampe aus patiniertem Holz noch verstärkt. Alles passt perfekt zum Stil des Raumes mit Möbeln aus dem 18. Jahrhundert, die auf charmante Kontraste mit dem vergoldeten Holz aus jener Zeit setzen.

2] Um die Nische in einer Innenwand optisch aufzuwerten, wurden große, im römischen Verband verlegte Steinplatten eingesetzt. Sie leuchten durch den cremigen Farbton mit goldenen Reflexen und bieten geflochtenen Körben in allen Formen und Größen Platz.

[Holz]

Holz ist elegant, edel und bei Trödlern und Liebhabern von restaurierten Möbeln sehr begehrt. Es ist bekannt für seine Ursprünglichkeit, seine Wärme und Beständigkeit und ist zweifelsohne ein unverzichtbares Material für den Vintage-Stil. Holz ist heutzutage in allerlei Ausführungen zu haben. Parkett und Dielen verschönern unsere Böden. Wird Holz gestrichen, abgebeizt oder gewachst, verströmt es einen zeitlosen Charme.

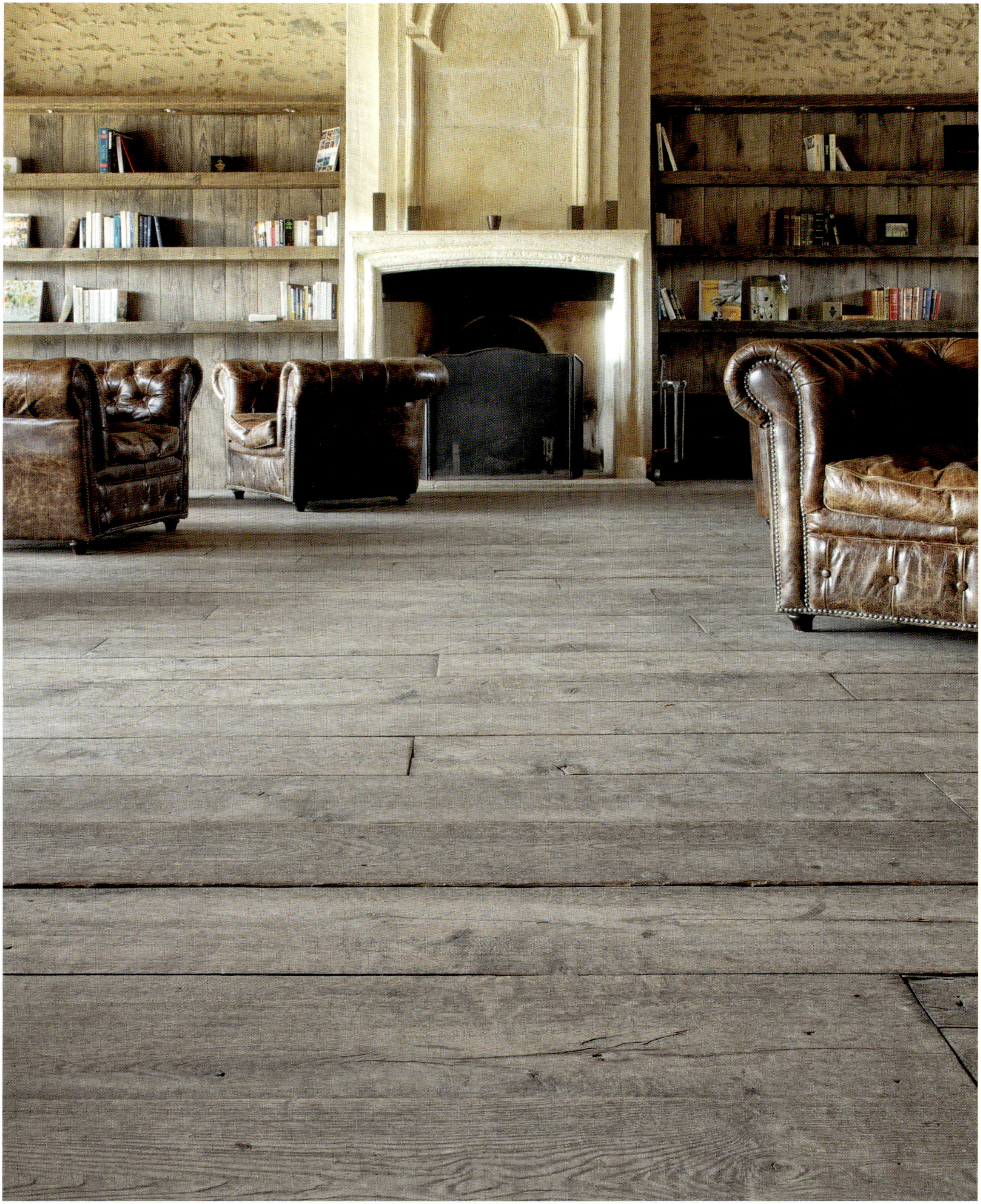

MATERIALIEN [Holz]

1] Die alten Türen aus dem 19. Jahrhundert kommen nun in dieser Küche zu neuen Ehren. Sie komplettieren nach Maß gefertigte Schränke, die eine ungleichmäßige Wand mit Wasserleitungen perfekt verbergen. Zur Vervollständigung des Dekors wurden die Türen in einem zarten Blau gestrichen, mit Kokos-Gaze bespannt und mit kleinen Porzellanknöpfen bestückt.

2] Nachdem in diesem Raum eine Wand entfernt worden war, wurden zwei verschiedene Parkettböden so saniert, dass sie jetzt eine einheitliche Fläche bilden. Ein vertikaler Balken verläuft anstelle der alten Wand und um eine Einheit zu schaffen, wurden drei Schichten Polyurethanfarbe aufgetragen, die einer Versiegelung gleichkommen und für eine längere Lebensdauer sorgen. Der Boden erhält damit eine sehr individuelle Note.

2

MATERIALIEN [Holz]

1

1] Das ausgefeilte Verlegemuster „ungarischer Verband" versetzt uns in eine prunkvolle Vergangenheit. Das Parkett wurde roh belassen und wird regelmäßig mit verdünntem Javelwasser gereinigt, damit es die helle Farbe und seine natürliche Patina behält.

2] Holz macht sich in jedem Raum gut. In diesem Badezimmer wurde das Waschbecken auf einen alten Beistelltisch mit olivgrüner Patina montiert, der sich zwischen zwei Ablageschränken befindet. Die gestreifte Tapete sorgt für einen Hauch Raffinesse, die vom Spiegel aus vergoldetem Holz und in zeitloser Romantik aufgegriffen wird.

MATERIALIEN [Holz]

1] In diesem Badezimmer unter dem Dach ist Holz vorherrschend: Alte Möbel, Balken und farbige Paneele teilen sich den Platz mit einem Waschtisch aus Gipsplatten, der mit einer hübschen, alten Tür verschlossen wird. Authentisch und einfach zu pflegen, denn die Ablage ist mit Tomettes versehen. Hier wurde ein Waschbecken in Form einer Schüssel aus weißer Keramik eingelassen.

2] Aus breiten rohen Holzbrettern, die zuerst abgeschliffen und dann gewachst wurden, entstand ein außergewöhnliches Badezimmermöbel. Durch den Mauervorsprung können verschiedene Accessoires angebracht werden und auf der gefliesten Ablage finden zwei Waschbecken Platz. Die Regale sind hinter Leinenvorhängen versteckt.

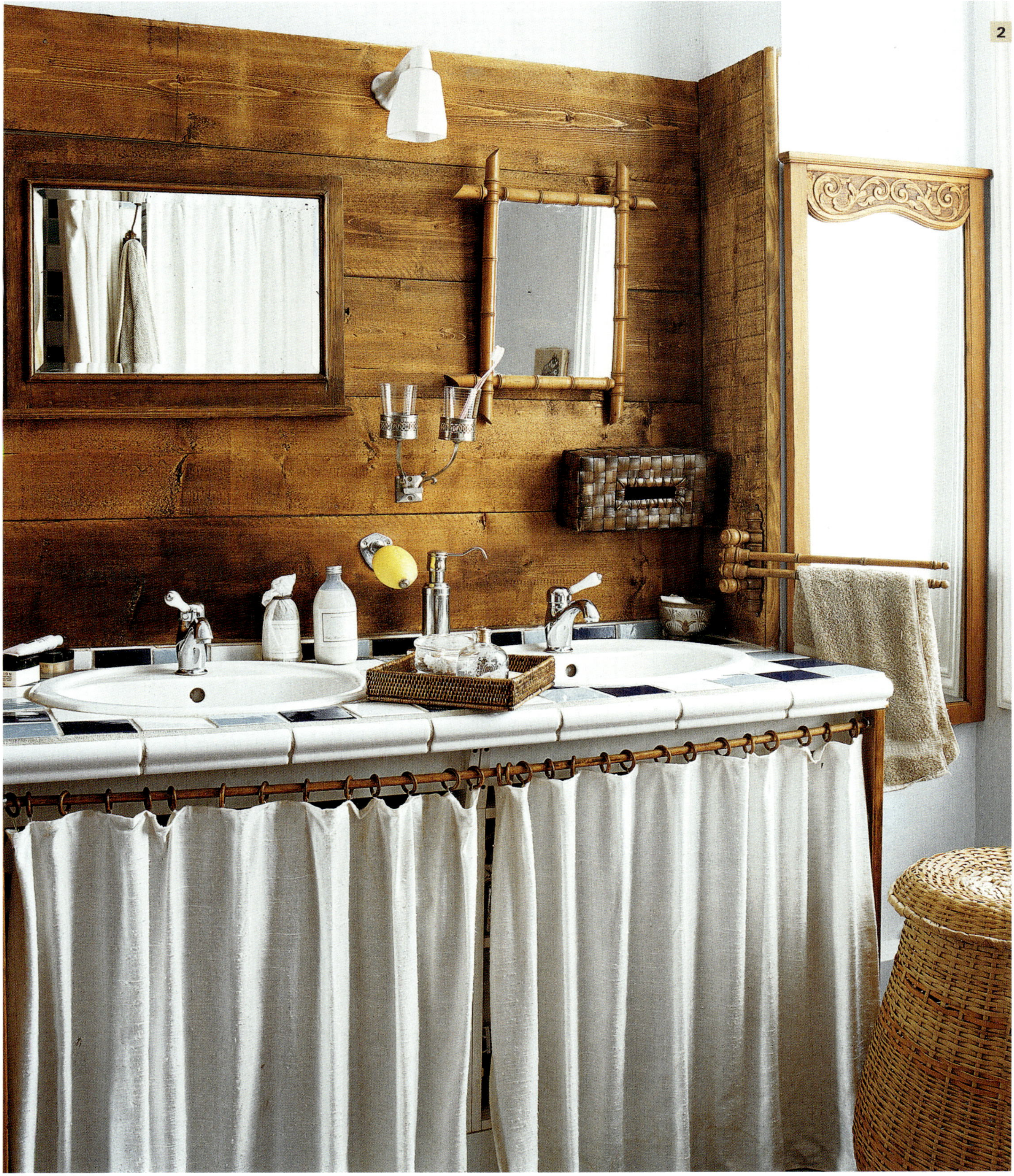

[Schiefer, Zink und Zinn]

Diese alten Materialien sorgen für eine besondere Note und lassen elegant Wände, Anrichten und Arbeitsflächen aufleben. Sie sind aufgrund ihres authentischen Aussehens und der Ästhetik beliebt. Schiefer fügt sich nahtlos in unsere Räume ein: Die dunklen Farbtöne, das unregelmäßige Erscheinungsbild und seine Langlebigkeit machen dieses Material zu einem der beliebtesten. Zink glänzt zu Beginn und erhält im Laufe der Zeit durch die Oxidation eine gewisse Patina. Lange Zeit wurde es lediglich für Dacharbeiten verwendet, doch auch bei der Inneneinrichtung setzt man immer mehr auf Zink. Die Pflege ist einfach, allerdings sollte ein Lack aufgetragen werden. Zinn kann dagegen im Laufe der Zeit seinen Glanz einbüßen. Pflegen Sie Zinn im Alltagsgebrauch mit Seifenwasser. Bei hartnäckigen Flecken können Sie es mit Zeitungspapier oder Fensterleder abreiben. Fettflecken lassen sich mit Brennspiritus entfernen, Rostflecken verschwinden mit einer Mischung aus Petroleum und Olivenöl. Nachreiben nicht vergessen!

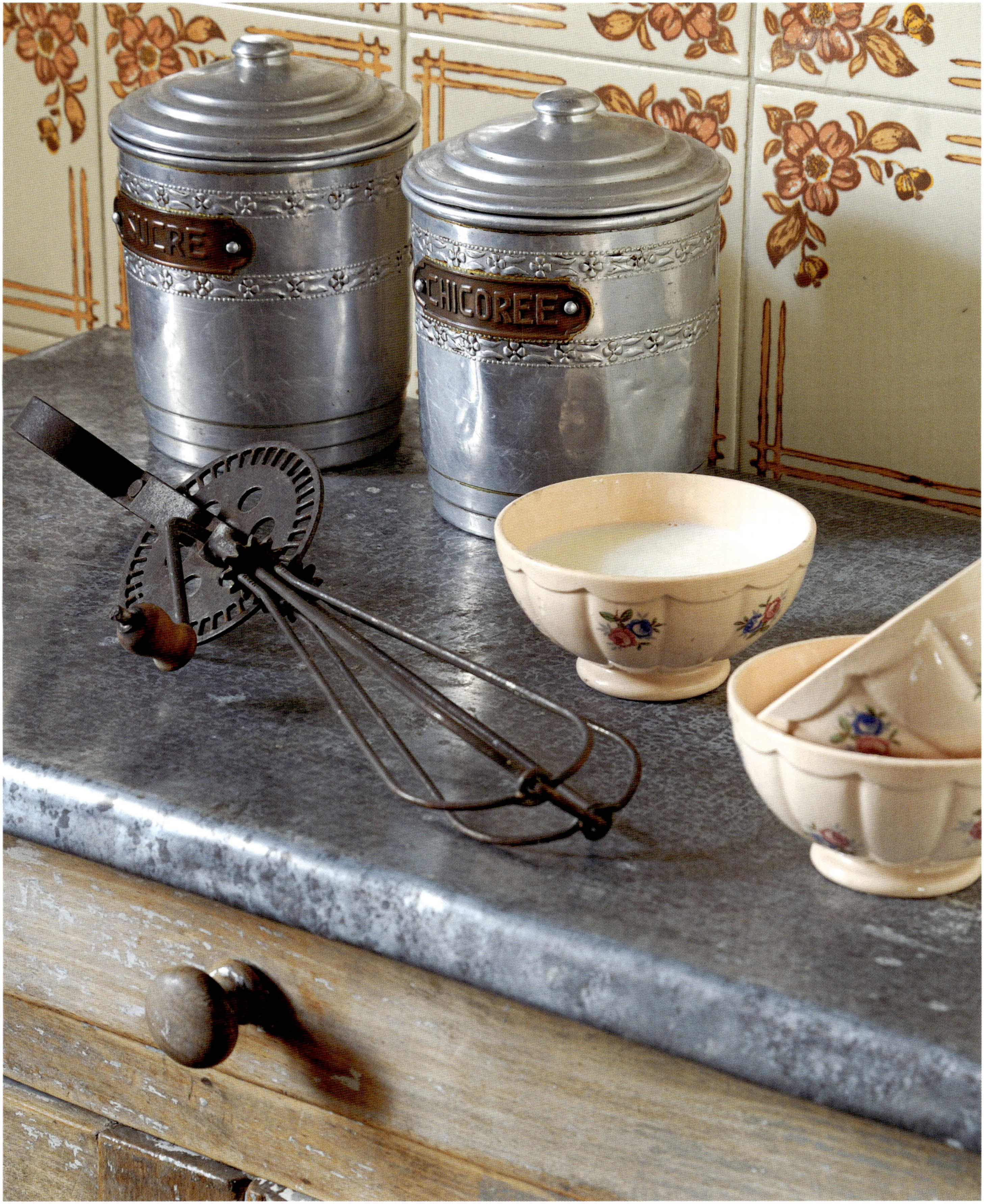
CHICOREE

MATERIALIEN [Schiefer, Zink und Zinn]

1] Der recycelte Pflanztisch dient heute als Waschtisch. Er wurde mit einer Zinkplatte versehen und bietet Platz für zwei Waschbecken in puristischem Design. Die Badewanne mit Löwenfüssen unter einem Betthimmel mit leichtem Stoff vervollständigt den Landhauscharme dieses Raumes.

2] Hinter dem großen antiken Herd ergeben Schieferfliesen eine Rückwand in dunklen und raffinierten Farbtönen. Backformen, Schneebesen, Körbe und sonstige Utensilien erzeugen eine Optik wie in Großmutters Küche.

2

MATERIALIEN [Schiefer, Zink und Zinn]

Schiefer

Schiefer ist ein metamorphes Gestein, das nicht mehr nur auf Dächern zu finden ist. Heute dient Schiefer als Außen- oder Innenbelag und hält sowohl in Küchen als auch in Badezimmern Einzug. Schiefer ist widerstandsfähig, pflegeleicht und seine Farbe kann zwischen weiß, schwarz, grau und sogar dunkelrot oder grün variieren. Seine Langlebigkeit (70 bis 300 Jahre) macht ihn zu einem sehr angesagten und begehrten Material.

1] Die großen, senkrecht angebrachten Schieferplatten bilden die Rückwand. Diese Verlegungstechnik ist sehr beliebt, denn sie sorgt für Authentizität und bildet hier einen schönen Kontrast zur gelben Wand.

2] Die Küchenmöbel sind aus abgehobeltem Buchenholz, damit die Strukturen sichtbar werden. Anschließend wurden sie einfach nur mit Stahlwolle abgeschliffen und die Fassaden mit einer Mischung aus Leinöl und Bienenwachs eingelassen. Die Arbeitsplatte ist aus Schiefer. Einige Oberflächen wurden zudem mit Zinkblech verkleidet, das auf das Holz genietet wurde – ein gelungener Materialmix!

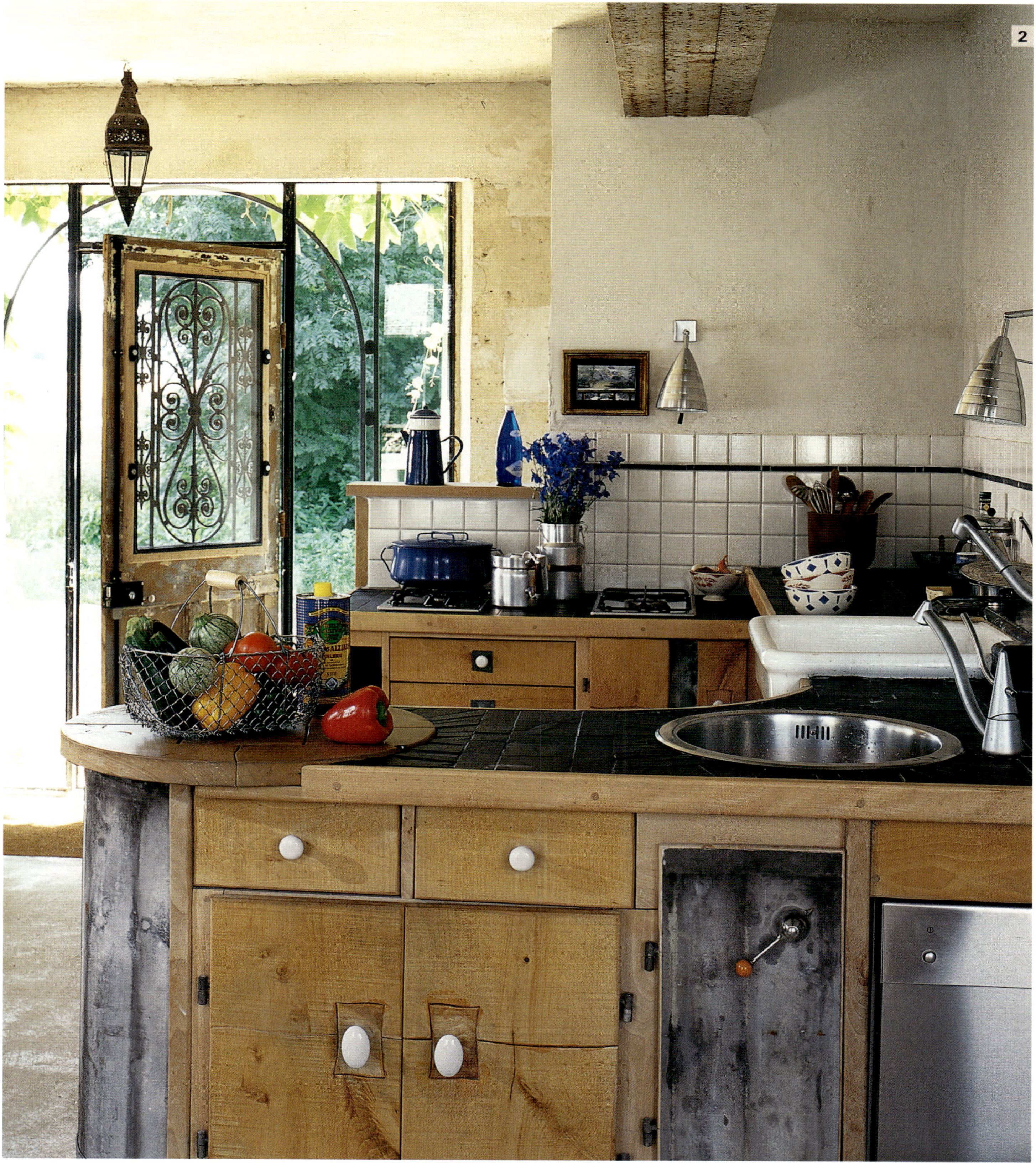

2

MATERIALIEN [Schiefer, Zink und Zinn]

1

1] Diese hübsche Arbeitsplatte aus lebensmittelfreundlichem Zinn ist mit einer elegant gearbeiteten Kante versehen und spiegelt meisterlich den provenzalischen Stil wider. Die dunkelroten Eichenschränke, der Herd im alten Stil, die Patina der Wände und die ursprünglichen Bodenfliesen verleihen dem Raum ein sanftes und warmes Ambiente.

[Backsteine]

Backsteine und Flohmarktfunde sind eine unschlagbare Kombination! Sie sind umweltfreundliche Naturbaustoffe auf der Grundlage von Lehm und haben, je nach Region, unterschiedliche Farbtöne. In Nordfrankreich kommen Backsteine sehr oft vor, aber auch im Südwesten sind sie zu finden. Zum Dekorieren werden rohe Backsteine verwendet, denn ihre Unebenheiten wirken charmant. Backsteine geben einem Mauerstück den letzten Schliff, dienen als Verkleidung für einen Kamin oder eine Decke. Egal, ob alt oder traditionell hergestellt, sie ergänzen jeden Einrichtungsstil. Sie bedürfen keiner speziellen Pflege und trotzen somit der Zeit.

[155]

MATERIALIEN [Backsteine]

1] In der Küche im Industriestil herrschen Edelstahl, Stein und dunkle Farbtöne vor, während eine Backsteinwand den Kochbereich verkleidet. Backsteine werden oft mit New Yorker Lofts in Verbindung gebracht und sorgen in einem modernen Raum für warme Akzente.

1

MATERIALIEN [Backsteine]

1] Zwischen Bibliothek und Wohnzimmer bilden unbehauene Steine und rote Backsteine ein harmonisches Miteinander. Zwei Cabriolet-Sessel und ein patinierter Tisch laden dazu ein, die Ruhe des Raumes zu genießen. Das umfunktionierte Fenster wird als Spiegel genutzt.

2] Bei der Renovierung dieses mit Terrakottafliesen ausgestatteten Esszimmers wurde die ursprüngliche große Backsteinwand erhalten. Einfache Kerzenhalter vervollständigen die Dekoration. Die beiden Türen mit gewölbtem Oberlicht sind charmante Hingucker und sorgen für Abwechslung: Die eine Tür hat ihre Funktion beibehalten, die andere wurde geschlossen und in einer Nische mit einem Bullauge versehen, der jetzt als Spiegel dient.

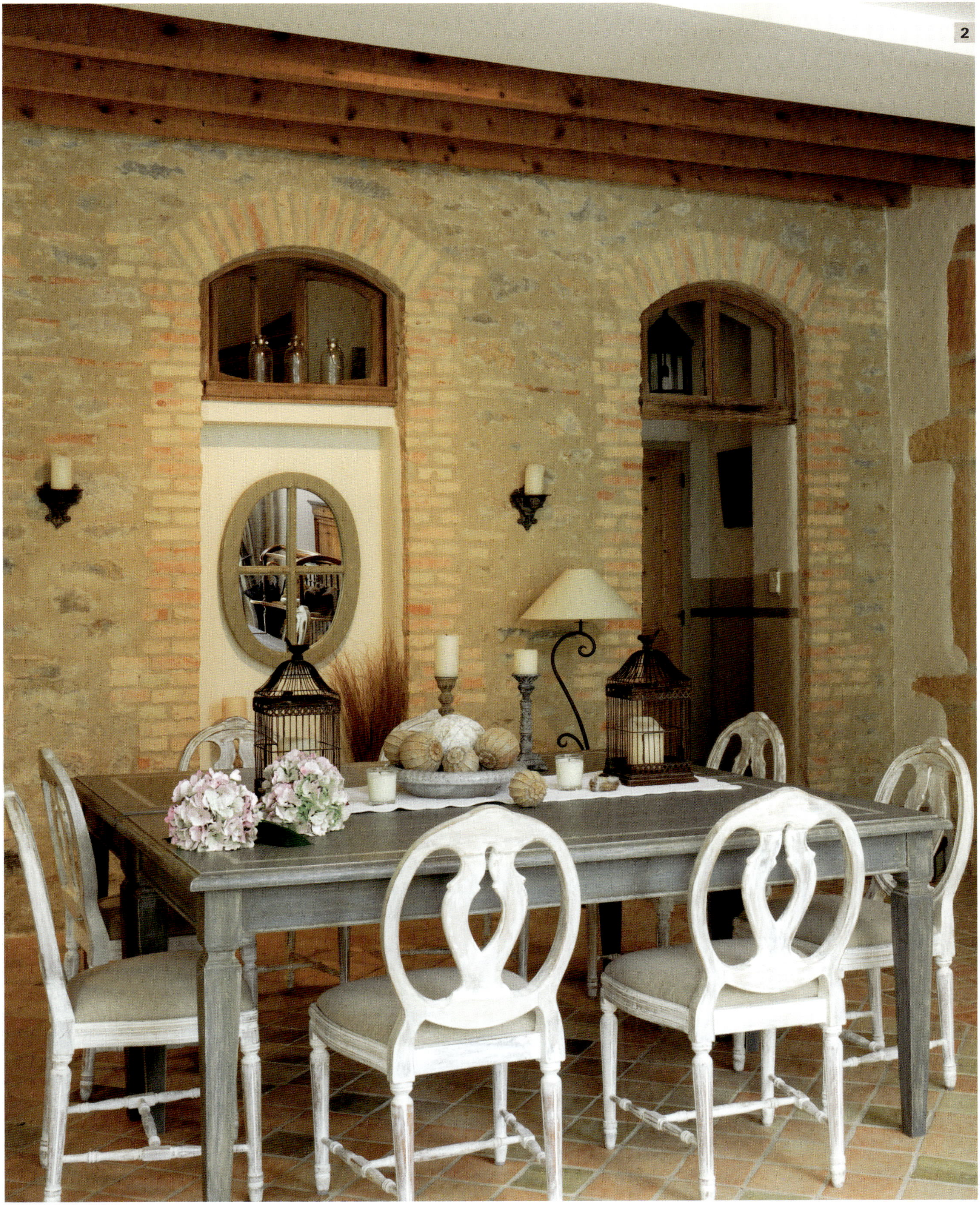

2

[Verputz und Farbe]

Heutzutage bieten Verputze und Farben Nuancen und Strukturen und können so an das Ambiente früherer Zeiten anknüpfen, denn sie sorgen für Tiefe und Materialeffekte. Ein altmodisches, vergessenes Möbelstück erfährt so eine zweite Jugend und Wände werden dadurch Teil der Dekoration.

[161]

MATERIALIEN [Verputz und Farbe]

1

1] In der Küchenkammer sind die Wände mit einem Mineralputz auf Zementbasis sowie mit natürlichen Pigmenten und Binder versehen. Diese Mischung sorgt für das gleiche pudrige und matte Aussehen wie Kalk, ist aber ein guter Kompromiss für die Küche, denn sie ist wasserabweisend und wird nicht fleckig.

2] Alte Möbel auffrischen und modernisieren ist manchmal ganz einfach. Zum Beispiel bei diesem Büfett vom Anfang des 20. Jahrhunderts: Es wurde beige gestrichen und weist eine sehr dynamische Farbgebung auf, wenn man die Türen öffnet. Eine gute Idee, die sich je nach Lust und Laune abwandeln lässt.

MATERIALIEN [Verputz und Farbe]

1] Damit der Eindruck eines Anstrichs mit einer in die Jahre gekommenen Patina entsteht, wurden die Wände mit einem sehr verdünnten Kalkputz gestrichen. Der Anstrich wurde in mehreren Schichten aufgetragen und erhält so Nuancen wie dies bei Farbaufträgen aus früheren Jahrhunderten der Fall war. Die Küchenmöbel, die Gegenstände mit Patina sowie die Sommerfrüchte lassen an nostalgisches Landleben voller geschmacklicher Überraschungen denken.

2] Auf die Wand oberhalb der Arbeitsplatte wurde ein Kalkfeinputz aufgetragen. Diese Art von Verputz sorgt für eine feine Oberfläche und einen glänzenden und seidigen Effekt dank eines Überzugs mit Schmierseife.

3] Das Kopfende sowie die Art-déco-Nachttischchen vom Flohmarkt wurden in zartem Blau gestrichen. Die Wand in den typischen Farben des Roussillon wurde mit einer Mischung aus zwei verschiedenen Putzarten, eine in grau und die andere in braun, verfeinert. Diese beiden Farbtöne wurden auf eine Unterschicht aufgetragen und gleichzeitig bearbeitet, um Effekte herauszuarbeiten. Als Überzug dient eine Patina aus braunen Pigmenten und Marmorpuder, die für Perlmuttglanz auf der Oberfläche sorgt.

MATERIALIEN [Verputz und Farbe]

1] Die Louis-Quinze-Türen vom Flohmarkt wurden im „Urzustand" belassen, daher bedurfte es viel Know-how, dem antiken Frisiertisch dieselbe Patina zu verleihen. Echte Behänge mit Blumenmotiven im Stil des 18. Jahrhunderts machen diesen Raum zu etwas ganz Besonderem.

2] Damit dieses kleine Zimmer eine gewisse Tiefe und Klarheit erhält, wurden zwei verschiedene Grautöne verwendet und mit einem goldgelben Rand versehen. So erscheinen die Wände in einem rein gustavianischen Stil.

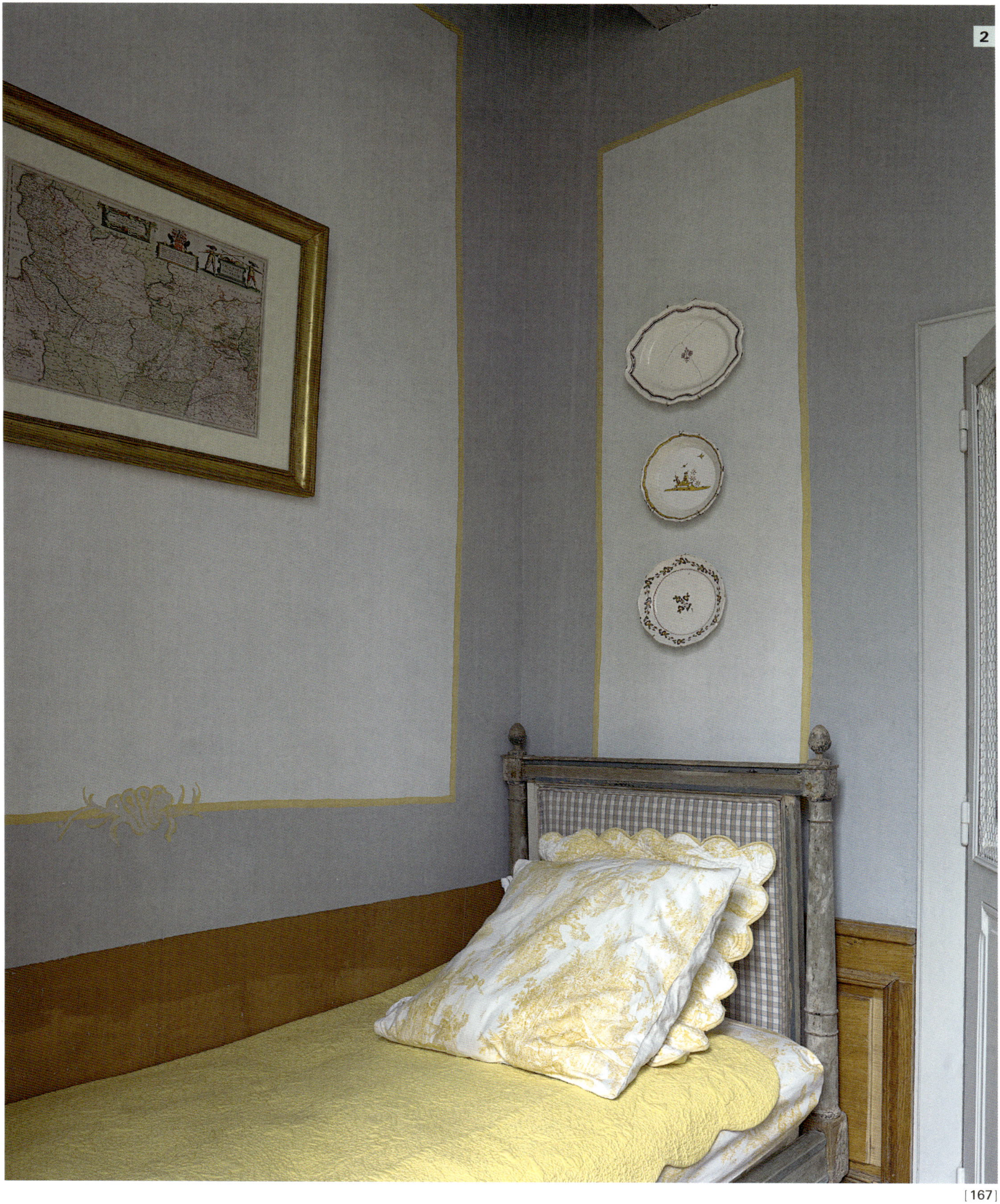
2

MATERIALIEN [Verputz und Farbe]

1

1] Kalk wird besonders für Nassräume empfohlen, da er eine nicht zu verachtende Eigenschaft besitzt: Kalk ist reinigend und desinfizierend. Außerdem werden Wände und Böden wasserdicht, wenn man zum Schluss eine Glättschicht aufträgt. In diesem Badezimmer wurde aus diesem Grund die weiße Kalkschicht vor dem Glätten mit Pigmenten versehen.

2] Objekte vom Flohmarkt, eine antike Badewanne und Terrakottafliesen werden durch die Patina mit sanftgrünen Reflexen, die auf den Wänden dieses Badezimmers aufgetragen wurde, ins rechte Licht gerückt. So erhält es den Charme von früher.

Tipps
zum Renovieren

[Einer gusseisernen Badewanne wieder neuen Glanz verleihen] 172

[Vergoldetes Holz reinigen] 173

[Alte Wäsche wieder auffrischen] 174

[Zementfliesen auffrischen und pflegen] 175

[Ein gestrichenes Möbelstück abbeizen] 176

[Wie Silber wieder glänzt] 177

[Wie Glas wieder strahlt] 178

[Objekte aus Zink pflegen] 179

TIPPS ZUM RENOVIEREN

[Einer gusseisernen Badewanne wieder neuen Glanz verleihen]

Wenn man das Glück hat, eine gusseiserne Badewanne zu ergattern, kann es sein, dass das Gusseisen beschädigt ist. Beginnen Sie mit dem Entfernen der rostigen Stellen oder der Farbe mithilfe einer Stahlbürste. Sobald das Gusseisen sauber und trocken ist, tragen Sie zum Schutz der Oberfläche Ihrer Badewanne eine farblose Antirostfarbe auf. Danach können Sie entscheiden, ob Sie das ursprüngliche Aussehen beibehalten oder lieber eine Farbe auftragen möchten. In letzterem Fall tragen Sie eine für Gusseisen geeignete Unterschicht für nicht eisenhaltiges Material auf. Wenn diese Unterschicht gut getrocknet ist, können Sie das Innere der Badewanne mit einer Acrylfarbe oder einer matten oder glänzenden Lackfarbe streichen. Das notwendige Zubehör finden Sie ganz einfach in Bastel- oder Heimwerkergeschäften.

[Vergoldetes Holz reinigen]

Manchmal geht nichts über gute alte Rezepte, damit alte Materialien wieder wie neu glänzen. Hat vergoldetes Holz seinen Glanz verloren, entstauben Sie es, schlagen anschließend Eiweiß auf und geben einen Esslöffel Javelwasser hinzu. Diese Masse tragen Sie mit einem Pinsel auf, lassen alles einige Augenblicke einwirken und reinigen den Gegenstand dann mit einem feuchten Schwamm. Zum Polieren verwenden Sie ein weiches Tuch. Man kann Möbel aus vergoldetem Holz auch mit einer halben Zitrone einreiben und dann mit einem in Wasser und Natron getränkten Tuch abreiben. Die dritte Möglichkeit besteht darin, das vergoldete Holz einfach mit Branntweinessig oder Spiritus abzureiben und dann mit Fensterleder zu polieren. Wenn Sie Essig verwenden, waschen Sie das Möbelstück mit klarem Wasser ab und lassen Sie es vor dem Polieren trocknen.

TIPPS ZUM RENOVIEREN

[Alte Wäsche wieder auffrischen]

Alte Wäsche, insbesondere Leinen, muss gekrumpft werden, das heißt, die Appretur muss entfernt werden. Hierfür weichen Sie die Wäsche mindestens einen Tag in kaltem Wasser ein und lassen Sie sie anschließend an der frischen Luft trocknen. Ist die Wäsche fleckig, versuchen Sie es in trockenem Zustand mit Schmierseife (Marseiller Seife), bevor Sie mit Wasser nachspülen. Möchten Sie alte Wäsche färben, waschen Sie diese und spülen Sie sie sorgfältig aus. Alte Materialien wie Leinen, Hanf oder Baumwolle können sehr gut in der Maschine gewaschen werden, daher können Sie diese bedenkenlos färben. Testen Sie je nach gewünschtem Farbton verschiedene Dosierungen. Geben Sie die saubere, feuchte Wäsche in die Maschine, immer nur ein Laken auf einmal, halten Sie sich an die Anleitungen und das Ergebnis wird Sie überzeugen. Es kommt oft vor, dass alte Wäsche mit der Zeit gelblich wird. Hier ein kleiner Tipp der Großmutter, mit dem Ihre Stoffe wieder strahlend weiß werden: Mischen Sie in ¼ Liter kaltem Wasser einen Kaffeelöffel feines Salz und einen Kaffeelöffel Ammoniak, betupfen Sie mithilfe einer kleinen Bürste alle Flecken mit der Lösung. Die Wäsche 24 bis 48 Stunden in der Sonne trocknen lassen. Nach der Einwirkzeit waschen Sie die Wäsche in der Maschine mit dem üblichen Programm und verwenden Sie ein handelsübliches Waschmittel. Weiße Baumwolle kann auch in ein Bad aus Wasser und Javelwasser getaucht werden. Durch den Einweichvorgang über mehrere Stunden kann das Javelwasser besser einwirken.

[Zementfliesen auffrischen und pflegen]

Aufgrund der verschiedenen Komponenten besitzen Zementfliesen eine dauerhafte Beschichtung, die mit der Zeit härter wird. Bei jedem Reinigungsvorgang bildet das Wasser eine Schicht aus Kalkhydrat, die sich verhärtet, jedoch nicht zu sehen ist. Durch diese chemische Veränderung werden die Fliesen mit der Zeit widerstandsfähiger, ohne sich jedoch optisch zu verändern. Vermeiden Sie bei der Reinigung auf jeden Fall Chlorwasserstoffsäure und verwenden Sie lieber nicht-aggressive, milde Reinigungsmittel. Zementfliesen trinken Flecken im wahrsten Sinne des Wortes. Daher müssen sie geschützt werden, entweder durch regelmäßiges Auftragen zweier Schichten aus sehr feinem Hartöl, das nicht so fetthaltig wie Leinöl ist, oder durch die Behandlung mit einem Antifleckenmittel. Flecken können Sie auch mit der rauen Seite eines Schwammes reinigen, der mit milder Seife oder Natron getränkt wurde. Für die tägliche Reinigung verwenden Sie Wasser mit Schmierseife. Sobald die Fliesen vollkommen sauber und trocken sind, können Sie eine wasserabweisende mikroporöse Behandlung durchführen und zum Auffrischen der Farben mit einem Tuch Wachs auftragen.

TIPPS ZUM RENOVIEREN

[Ein gestrichenes Möbelstück abbeizen]

Bevor man einem Möbelstück vom Flohmarkt eine frische Patina oder einen neuen Anstrich verpasst, bedarf es einiger Vorbereitungen. Man muss zuerst Wachsspuren, Farbe oder Schmutz entfernen. Ist die Oberfläche schmutzig, hält die Farbe nicht und blättert mit der Zeit ab. Ist Ihr Möbelstück mit mehreren Wachsschichten überzogen, verwenden Sie einen Wachsentferner oder ein Abbeizmittel, das die alten Schichten auflöst und säubert. Es wird mit Stahlwolle (am besten Nr. 3) aufgetragen, wobei auf die Holzmaserung zu achten ist. Durch Abwaschen der Oberfläche lässt sich Fett ebenfalls entfernen. Verwenden Sie jedoch nicht zu viel Wasser, da sich das Dekor sonst lösen und das Holz beschädigt werden könnte. Falls auf dem Möbelstück mehrere Farbschichten aufgetragen wurden, verwenden Sie ein Beizmittel. Diese Arbeiten sollten Sie an einem belüfteten Ort durchführen oder aber draußen, und Sie sollten aufgrund der Schädlichkeit der Produkte eine Maske und Handschuhe tragen. Wenn Ihr Möbelstück von sämtlichen Verunreinigungen befreit ist, können Sie es nach Lust und Laune neu gestalten.

[Wie Silber wieder glänzt]

Damit Silber wieder glänzt, gibt es mehrere Tricks und Tipps. Färbt es sich schwarz, legen Sie ein Stück Aluminiumpapier in ein hitzebeständiges Gefäß und geben Sie 5 g Salz und 5 g Natron hinzu. Legen Sie nun Ihr Silber in das Gefäß und gießen Sie kochendes Wasser darüber. Das Aluminium wird die Spuren absorbieren und Ihr Silber glänzt wieder. Auch Schlämmkreide erweist sich zur Reinigung von Silber als sehr effektiv. Mischen Sie einen Esslöffel Schlämmkreide mit zwei Esslöffeln Brennspiritus und tragen Sie diese Paste mithilfe eines Tuchs auf das Silber auf. Für die feinen Verzierungen können Sie auch eine Zahnbürste verwenden. Lassen Sie alles trocknen, reiben Sie mit einem Fensterleder nach und entfernen Sie eventuelle Reste mit Alkohol oder Zitronensaft.

TIPPS ZUM RENOVIEREN

[Wie Glas wieder strahlt]

Es ist bekannt, dass man alte Gläser nicht in die Spülmaschine geben soll, da sie trüb und unwiederbringlich beschädigt werden können. Wählen Sie als Behälter zum Abwaschen entweder eine Plastikschüssel oder legen Sie den Boden Ihres Spülbeckens zum Vermeiden von Stößen mit einem Geschirrtuch aus. Sind die Gläser trüb oder matt, reinigen Sie diese mit sehr warmem Wasser unter Zusatz von Ammoniak oder Sodakristallen. Zum Reinigen von Gläsern mit Motiven können Sie Brennspiritus verwenden und die Vertiefungen mit einem harten Pinsel oder einer alten Zahnbürste reinigen. Sind die Gläser sehr schmutzig, lassen Sie sie über Nacht in einer Mischung aus Wasser und flüssigem Spülmittel mit dem Zusatz von einigen Tropfen Ammoniak einweichen. Bei hartnäckigen Verschmutzungen spülen Sie die Gläser ab und tauchen Sie sie in warmen Essig mit 8 % Säure, einigen Tropfen flüssigen Spülmittels und ein wenig Speisesalz. Gut abspülen und mit einem fusselfreien Geschirrtuch abreiben. Die Gläser sollten am besten abgetrocknet werden, solange sie noch warm sind.

[Objekte aus Zink pflegen]

Zink setzt im Laufe der Zeit eine Patina an. Diese Patina entsteht durch Säuren und ermöglicht die Fixierung der natürlichen matten Farbe oder lässt diese dunkler werden. Diese durch einen Fachmann durchgeführte Behandlung ersetzt jedoch nicht die regelmäßige Pflege. Zur Reinigung und Pflege von Zink können Sie zur Fleckentfernung ein Glas Ammoniak in einem Liter Wasser auflösen. Die Oberfläche abbürsten, alles einige Minuten einwirken lassen und dann mit klarem Wasser abspülen. Möchten Sie die Oberfläche zum Glänzen bringen, tränken Sie ein Tuch in einer Lösung aus Sodakristallen mit 6 % und spülen Sie anschließend alles ab. Zur regelmäßigen und richtigen Pflege können Sie auch unverdünnte Schmierseifenpaste mit einem Tuch auftragen. Die Seife bildet eine Schicht, die die Zinkoberfläche vor Spritzern und Flecken schützt.

Adressen

[Norden] 182

[Großraum Paris] 182

[Osten] 184

[Mittelfrankreich] 186

[Westen] 187

[Südwesten] 188

[Mittelmeer] 189

[Adressen]

NORDEN

AISNE (02)

M Baroque Factory
6, rue des Tournelles
02600 Longpont
+33 6 20 72 61 26
www.baroque-factory.com

R Cossutta SA
22, rue de la Prairie
02810 Gandelu
+33 3 23 71 42 20
www.cossutta.fr

R Décoradiateurs
Emmanuel Molinski
13, rue Croix-Saint-Claude
02490 Maissemy
+33 3 23 66 10 27 und
+33 6 83 82 33 43
www.decoradiateurs.com

NORD (59)

R Architecture & Matériaux authentiques
212, rue du Flocon
59200 Tourcoing
+33 3 20 68 01 01
http://www.a-mat.com/

M Barrois Antiques
53, rue du Vieux-Four
59700 Marcq-en-Baroeul
+33 6 12 37 55 55
www.barroisantiques.com

M Bruxelles Antiques
22, rue de la Reine,
59710 Ennevelin,
+33 3 20 59 12 23
www.bruxellesantiques.com

R Dorchies et Cie
106, rue Colbert
59650 Villeneuve-d'Ascq
+33 3 20 28 14 05
www.dorchies-demolition.com

M Espace Nord Ouest
644, avenue du Général-de-Gaulle
59910 Bondues
+33 3 20 03 38 39 und
+33 6 62 56 38 61
http://www.espacenordouest.com/

M Le Grenier du Chti
37, rue Charles-Gounod
59100 Roubaix
+33 6 50 08 60 00 und
+33 6 50 07 60 00
www.legrenier.eu

M Le Marchand d'Oublis
70, rue Jean-Baptiste-Lebas
59910 Bondues
+33 3 20 11 25 79
le-marchand-d-oublis.over-blog.com

R Radiastyl
101, rue Pierre-Léostic
59240 Dunkerque
+33 3 28 65 50 10
www.radiastyl.fr

R Rémy Motte
202, rue Jean-Jaurès
59491 Villeneuve-d'Ascq
+33 3 20 89 88 91
www.remy-motte.fr

M À la Brocante à la Ferme
18, route de Bapaume
59554 Cambrai
+33 3 27 70 31 50 und
+33 6 07 31 17 31
www.alabrocantealaferme.fr

OISE (60)

M Atelier Sixteen
11, rue Napoléon
60350 Pierrefonds
+33 6 50 56 38 43

M Brocante de la Bruyère
32, rue Campion
60880 Le Meux
+33 3 44 91 12 77
www.brocantedelabruyere.com

R Daniel Morel
60440 Péroy-les-Gombries
+33 6 60 90 49 20
www.cheminees-anciennes.com

M Les Nouveaux Brocanteurs
935, rue de Paris,
60520 La-Chapelle-en-Serval
+33 6 62 75 64 85
www.lesnouveauxbrocanteurs.com

SOMME (80)

R Bistrot d'Hier
49, rue Pierre-Sémard
80330 Longueau
+33 3 22 46 76 46 und
+33 6 80 08 91 91

GROSSRAUM PARIS

PARIS (75)

R Arts et Techniques
9, rue des Deux-Ponts
75004 Paris
+33 1 43 25 67 15 und
+33 6 12 82 75 61

R Ceramis Azulejos
130, avenue de Versailles
75016 Paris
+33 1 46 47 50 98
47, rue Anatole-France
92370 Chaville
+33 1 41 15 00 10
www.azulejos.com

R Christian Pingeon
33, boulevard Beaumarchais
75003 Paris
+33 1 42 77 22 22
www.pingeon.com

R La Baignoire Délirante
57, boulevard de Picpus
75012 Paris

M Industriemöbel, Arbeitsmöbel, Möbel mit Charme
R Händler für alte Materialien und Werkstoffe

+33 1 45 79 23 19
42, rue Rouelle
75015 Paris
+33 1 45 79 23 19

R Le Bain Rose
11, rue d'Assas
75006 Paris
+33 1 42 22 55 85
www.le-bain-rose.fr

R Jean-François Millevoye
+33 6 12 31 72 40

M L'Heure Bleue
17, rue Saint-Roch
75001 Paris
+33 1 42 60 23 22

R Palatino
10, rue du Moulin-Noir
92000 Nanterre
+33 1 42 04 90 30
www.palatino.fr

SEINE-ET-MARNE (77)

M Antiquités Brocante de Meaux
3, rue François-de-Tessan
77100 Meaux
+33 1 64 33 75 98

R Broc'Antique
32, rue des Huiliers,
77580 Crécy-La-Chapelle
+33 1 64 63 85 75

R Rénov'Mat
1, rue des Fermes
77970 Jouy-le-Châtel
+33 1 64 01 54 76
www.renovmat.fr

R Authentic
121, avenue de Fontainebleau
77310 Saint-Fargeau-Ponthierry
+33 1 64 09 96 68
www.authentic.fr

R Matantiq
Ferme Saint-Gervais
77130 Dormelles
+33 1 60 96 63 37
http://matantiq.free.fr

YVELINES (78)

M Bois l'Épicier,
la Ferme des Antiquaires
D. 61, route de Rambouillet
78550 Maulette (Houdan)
+33 1 30 59 70 62
www.boislepicier.fr

R Jacques Pouillon
7, rue des États-Généraux
78000 Versailles
+33 1 39 51 78 60
www.pouillon.com

R Origines
Lieu-dit Le Four à Chaux
78550 Richebourg-Houdan
+33 1 30 88 15 15
www.origines.fr

R Les Compagnons d'Ovraigne
131, avenue du Général-Leclerc
78220 Viroflay
+33 1 30 24 54 31

M Métal & Woods
9, rue du Général-Leclerc
78360 Montesson
+33 1 30 71 17 54
www.metalandwoods.com

R Rossignol Démolition
214, rue Gabriel-Péri
78360 Montesson
+33 1 39 13 10 44
www.demolition-rossignol.com

R Toury
171, route de Bezons,
78420 Carrières-sur-Seine
+33 1 39 14 09 00 und
+33 6 72 09 34 22

R William Perreault
RN 13, Les Grands-Champs
78420 Chambourcy
+33 1 39 65 11 55
www.demolition-perreault.fr

R Matériaux Anciens Lascombes
1, rue Duverdin
78200 Soindres
+33 6 87 84 90 75
www.lascombesmateriauxanciens.com

ESSONNE (91)

M Authentiquité
Zone industrielle B
3, passage des Beaumonts
28000 Chartres
+33 6 07 45 20 35
www.authentiquite.com

M Le Marquis de Carabas
Route de Guignonville
91690 Boissy-la-Rivière
+33 1 64 94 88 57 und
+33 6 84 21 61 39

HAUTS-DE-SEINE (92)

R Beaumarié
227, rue de Versailles
92410 Ville-d'Avray
+33 1 47 50 07 94

SEINE-SAINT-DENIS (93)

R Alphamétal Recyclage
15, rue Louis Armand
77330 Ozoir-la-Ferrière
+33 1 64 40 97 46
www.radiateurfonte.com

[Adressen]

M Bachelier Antiquités
Marché Paul-Bert
18, rue Paul-Bert
Stand 17, allée 1
93400 Saint-Ouen
+33 1 40 11 89 98 und
+33 6 19 55 15 38
www.bachelier-antiquites.com

R Camus & Fils
2-4, rue Marceau
93400 Saint-Ouen
+33 1 40 10 88 59 und
+33 6 07 42 27 29

M David Netter
Marché Paul-Bert
Stand 101, allée 2
93400 Saint-Ouen
+33 6 15 05 60 30

M François Casal Antiquités
Marché Paul-Bert
93400 Saint-Ouen
+33 6 10 37 40 24

M Gilles Oudin
Marché Paul-Bert
Stand 405, allée 7
93400 Saint-Ouen
+33 6 10 20 53 26

M J. et H. Alper
Marché Paul-Bert
96, rue des Rosiers
Stand 137, allée 2
93400 Saint-Ouen
+33 6 07 58 15 63

M Lalbaltry Antiquités
Marché Serpette
allée 6, Stand 3
93400 Saint-Ouen
+33 6 11 43 56 13

M La Maison du Roy
Marché Serpette
allée 5, Stand 1-2
96-112, rue des Rosiers
93400 Saint-Ouen
+33 6 09 07 03 67

M Marianne Netter Antiquités
Marché Paul-Bert
93400 Saint-Ouen
+33 6 09 17 00 77

R Sema Sarl
13, rue Paul-Bert
93400 Saint-Ouen
+33 1 40 11 25 69 und
+33 6 03 29 30 32
nicolas.adjinsoff@wanadoo.fr

R Vieilles Pierres du Mellois
101, rue des Rosiers
93400 Saint-Ouen
+33 1 40 12 54 79
vieilles.pierres@mellecom.fr
www.vieillespierresdumellois.fr

M Violon d'Ingres
Marché Biron
85, rue des Rosiers
Galerie 11, allée 1
93400 Saint-Ouen
+33 1 40 12 74 85 und
+33 6 20 61 75 97

VAL-DE-MARNE (94)

R Atelier du Phénix
94500 Champigny-sur-Marne
+33 1 48 82 42 10
www.lutun.com

R Démolition Dussel
43, av. Gambetta,
94700 Maisons-Alfort
+33 1 43 68 12 15 und
+33 1 43 68 18 15
www.dussel-demolition.com

R France Distribution
+33 1 43 68 70 24
www.france-distribution.com

VAL D'OISE (95)

Serge Gautier
28, rue de Montlignon
95390 Saint-Prix
+33 1 34 16 64 17
maisons.sergegautier@orange.fr
www.serge-gautier.fr

OSTEN

ARDENNES (08)

R Barbier
Rue du Four-à-chaux
08400 Quatre-Champs
+33 3 24 71 15 50

AUBE (10)

R William Lenfant
45, rue Milford-Haven
10100 Romilly-sur-Seine
+33 3 25 24 76 88 und
+33 6 07 71 91 08

R LD Matériaux
8, route de Dijon
10800 Buchères
+33 3 25 81 66 96 und
+33 6 22 02 54 48

MARNE (51)

M Le Grillon Voyageur
27, rue de l'Ancien-Hôpital
51120 Sézanne
+33 3 26 81 10 85
www.legrillonvoyageur.com

HAUTE-MARNE (52)

R Antic Floors
Route Départementale
52150 Bourg-Sainte-Marie
+33 3 25 01 97 00
www.anticfloors.lu

R Établissements Duplessis
Le Prieuré
52320 Vignory
+33 3 25 31 81 85
www.etsduplessis.com

M Industriemöbel, Arbeitsmöbel, Möbel mit Charme
R Händler für alte Materialien und Werkstoffe

MEUSE (55)

R Lebert Antic
Jean-Claude Lebert
2, rue Raymond-Poincaré
55130 Gondrecourt-le-Château
+33 3 29 89 67 63
www.lebert-antic.com

R Pierre Lenoir
5, rue Basse
55500 Naix-aux-Forges
+33 3 29 70 94 22

AIN (01)

R Henri de Almeida
764, chemin de la Glaine
01380 Bage-La-Ville
+33 3 85 36 33 15
www.henri-de-almeida.com

BAS-RHIN (67)

R L'Atelier du Poêle en Faïence
Damien Spatara
30 rue de Schirrhein
67240 Kaltenhouse
+33 3 88 63 78 55
www.nsrv.com/spatara

R Cédric Brenner
9, rue des Moutons
67270 Alteckendorf
+33 3 88 51 50 35
www.brenner.fr

HAUT-RHIN (68)

R Le Vieux Porche
23, rue du 2-Décembre
68470 Ranspach
+33 3 89 82 66 38

VOSGES (88)

R Antic Hubert Gérard
Z. I. Le Clauset
88170 Rainville
+33 3 29 06 46 11
www.antic-hubert-gerard.com

R Marcel Ferry
51, rue des Abbés-Matisse-et-Marion
88700 Rambervillers
+33 3 29 65 26 77 und
+33 6 07 66 55 47

DROME (26)

R Allibert Matériaux Anciens
Quartier Petites Condamines
26230 Valaurie
+33 4 75 98 56 96

R Le Kalao
RN 7 – N°22
26740 La Coucourde
+33 4 75 90 01 23 und
+33 6 20 33 28 55
www.materiaux-anciens-lekalao.com

R Jean-Claude Bes
Zone artisanale
26230 Grignan
+33 4 75 46 94 25
www.jcbes.com

LOIRE (42)

R Garnier Alban Sarl
23, rue Jean-Huss
42000 Saint-Étienne
+33 4 77 47 51 39

R L'Artisan du Fourneau d'Art
34, rue du 11 Novembre
42510 Balbigny
+33 4 77 27 22 27
www.boisserenc.com

RHONE (69)

R Claude Augustin Matériaux Anciens
104, route Nationale 6
69380 Les Chères
+33 4 78 47 39 48
www.claudeaugustin.fr

R L'Atelier des Traditions
81, route Nationale 6
69570 Dardilly
+33 4 72 17 00 42

R Frédéric Matt
La Chicotière D 306 (ex-RN 6)
69380 Dommartin
+33 4 78 47 34 77 und
+33 6 15 32 51 94
www.fredericmatt.com

R L'Herminette Mornant
Le Rosséon
Route de Chablenas
69440 Mornant
+33 4 78 44 15 25 und
+33 6 10 68 75 93
www.portesanciennesdefrance.fr

SAONE-ET-LOIRE (71)

R Bernard Rué
La Tuilerie
71460 Chapaize
+33 3 85 50 13 91
www.cheminees-br.fr

R Bourgogne Matériaux Anciens
Gilles Dumay
Visigneux
71710 Marmagne
+33 3 85 78 29 20
http://www.bourgogne-materiaux-anciens.fr/

R Rambuteau Renoud-Grappin
Le Moulin du Bois
71260 Charbonnières
+33 1 42 76 09 78 oder
+33 3 85 36 90 38
und +33 6 80 89 70 42
www.rambuteau-renoud-grappin.fr

[Adressen]

R Société Lapierre
181, impasse du Couvent
71000 Sennecé-lès-Mâcon
+33 3 85 36 01 08
www.cheminees-lapierre.com

R Société Mâconnaise
de Cheminées Anciennes
46, route de Lyon (RN 6)
71000 Mâcon
+33 3 85 38 29 00
www.smca.cc

SAVOIE (73)

R Au Vieux Bois
171, chemin du Marais
73200 Gilly-sur-Isère
+33 9 65 31 39 39 und
+33 6 76 92 55 01
www.auvieuxbois.com

R Matériaux Anciens
Zac du Héron
73110 Rotherens (La Rochette)
+33 4 79 28 48 12
www.materiaux-anciens.fr

HAUTE-SAVOIE (74)

R Pierre et Meuble d'Autrefois
35, rue Centrale
74940 Annecy-le-Vieux
+33 4 50 23 68 13
www.antiques-forain.com

R Alp Vieux Bois
249, route de la Nativité
74420 Burdignin
+33 6 74 82 56 51
www.alp-vieuxbois.com

MITTELFRANK-REICH

ALLIER (03)

R Mouchot & Fils
Domaine de la Cour
03440 Chavenon
+33 4 70 07 41 35 und
+33 6 83 02 19 00

AVEYRON (12)

R Michel Espinossa
Les Infruts
12230 La Couvertoirade
+33 6 71 97 45 73

CANTAL (15)

R Jean et Sébastien Crueize Sarl
Bouzentes
15100 Villedieu
+33 6 79 71 73 37

CORRÈZE (19)

R Villa d'Or
19310 Yssandon
www.villador.com

CÔTE D'OR (21)

R Claude Trémeaux
46, route de Challanges
21200 Beaune
+33 3 80 24 69 75

M Patrick Javouhey
Village des antiquaires
21, boulevard Saint-Jacques
21200 Beaune
+33 3 80 22 76 77
www.decoration-javouhey.com

CREUSE (23)

R Matériaux Nobles
Gazut et Fils
Les Bruyères
23000 Sainte-Feyre
+33 6 32 51 99 87 und
+33 5 55 80 03 69
www.materiaux-nobles.com

INDRE-ET-LOIRE (37)

R Legens
1, Le Café-Brûlé
RD 943
37310 Reignac-sur-Indre
+33 2 47 59 31 21
www.legens.com

LOIR-ET-CHER (41)

R Matériaux du passé
4, rue de la Gare
41220 Dhuizon
+33 2 54 98 32 53

R Roger Moyer
11, rue Bon Puits
41500 Mulsans
+33 2 54 87 34 30

HAUTE-LOIRE (43)

R Philippe Debard
Ferme de Charreyrot
Foumourette
43520 Le Mazet-Saint-Voy
+33 4 71 65 01 66 und
+33 6 85 40 99 96

LOIRET (45)

R Vestiges de France
11, route de la Brosse
45720 Coullons
+33 2 38 36 11 60 und
+33 6 80 25 76 55
www.vestiges-de-france.com

PUY-DE-DOME (63)

R Pierres Passion
Route d'Issoire
63270 Vic-le-Comte
+33 4 73 69 16 03
www.pierres-passion.com

YONNE (89)

R Jean-Claude Lenfant
Route Nationale
89340 Le Petit-Villeblevin

M Industriemöbel, Arbeitsmöbel, Möbel mit Charme
R Händler für alte Materialien und Werkstoffe

+33 3 86 66 09 78 und
+33 6 87 51 63 00
www.materiaux-anciens-jcl.com

R Michel Matériaux Anciens Sarl
30, rue Champoulains
89000 Auxerre
+33 6 09 80 81 47

R Entreprise Quentin
14, route de Paris
89400 Charmoy
+33 3 86 91 23 05

WESTEN

CALVADOS (14)

R Antik Matériaux
La Lézardière
14130 Surville
+33 2 31 65 27 89

R BCA Matériaux Anciens
4, avenue de Paris
14370 Méry-Corbon
+33 2 31 23 95 87
www.bca-materiauxanciens.com

M Brocante la Bijude
Lieu-dit La Bijude
14112 Biéville-Beuville
+33 2 31 47 49 51

R Patrick Gosselin
4, rue des Frères-Manchon
14160 Dives-sur-Mer
+33 2 31 24 29 18

R Matériaux Anciens Lavillaugouet
Maison Goholin
D 677
14800 Canapville
+33 2 31 65 10 12
www.vieuxmateriaux.com

R Yvan Gautier
Le Monts d'Eraines
14700 Falaise
+33 6 07 69 41 61

R L'Entrepôt d'Antan
Le bourg de l'Hôtellerie
14100 Lisieux
+33 2 31 63 56 59 und
+33 6 81 61 27 62

CÔTES D'ARMOR (22)

M Au Comptoir de la Vieille Poissonnerie, Joël Paray Antiquités
2, rue de la Vieille-Poissonnerie
22500 Paimpol
+33 6 58 30 86 10

R Fanch Venner
Kergicquel-Hamon
22340 Maël-Carhaix
+33 2 96 24 65 35
www.granit-deco-jardin.levillage.org

EURE (27)

R La Brocante des Matériaux
Carrefour de la Bretagne
27300 Boissy-Lamberville
+33 2 32 44 78 37

M L'Empreinte
28, place Benserade
27480 Lyons-la-Forêt
+33 2 32 48 23 01 und
+33 6 88 75 22 76
www.lempreinte-decoration.fr

M Sortie d'Usine
59, rue Saint-Adrien
27150 Morgny
+33 2 32 55 04 76

EURE-ET-LOIR (28)

M Brocante de la Touche
42, rue de la Touche
28400 Nogent-le-Rotrou
+33 2 37 52 23 05

M Village brocante du Val-d'Huisne
RN 23 Richtung Nogent-le-Rotrou
28400 Nogent-le-Rotrou
+33 6 86 93 10 15 und
+33 2 37 52 08 94

R Jimmy Ronce
47, rue du Vieux-Ver
28630 Ver-lès-Chartres
+33 2 37 26 43 20
www.ronce.fr

R Matériaux Nobles Gazut et Fils
Kamine, La Tesserie
28240 Montlandon
+33 7 83 93 01 33
www.materiaux-nobles.com

R Pavés de Rue
24, avenue du Val-de-l'Eure
28630 Fontenay-sur-Eure
+33 2 37 35 80 94
www.pavesderue.com

R Esprit Antique
Le Chêne Brûlé
28400 Coudreceau
+33 6 77 99 63 55
www.perche-antique.com

ILLE-ET-VILAINE (35)

R Matériaux d'Antan
Route de Saint-Malo
35520 La Mézière
+33 2 99 66 56 66 und
+33 6 11 86 51 51

LOIRE-ATLANTIQUE (44)

R Bechu Matériaux Anciens
La Martinière
44850 Le Cellier
+33 2 40 77 43 44 und
+33 6 03 62 05 89
www.bechu-materiaux-anciens.com

[Adressen]

MAINE-ET-LOIRE (49)

R BCA Matériaux Anciens
Route de Craon
49500 L'Hôtellerie-de-Flée
+33 2 41 61 62 40
www.bca-materiauxanciens.com

MANCHE (50)

R Anciens Matériaux Rénovation de Normandie
Le Bourg
50150 Gathemo
+33 2 33 69 40 16

MAYENNE (53)

R Eliot Marsden
3, rue de la Bourgeoisie
53160 Saint-Thomas-de-Courceriers
+33 6 76 67 31 50
nach Terminabsprache
www.baignoires-anciennes.com

R Antiquités et Matériaux Anciens Aubry
La Ricouillière
53200 Ménil
+33 2 43 70 21 81
www.antiquites-materiaux-anciens.com

MORBIHAN (56)

R Gwenael Grayo
Z. I. Hinzal
56190 Muzillac
+33 2 97 45 61 47

R Vieux Granits Sarl Poulain
7, rue de Kérentrée
56150 Baud
+33 2 97 51 01 33
vieuxgranits.blogspot.com

ORNE (61)

R SBS Esprit Antique
Domaine d'Avoise - 61250 Radon
+33 2 33 31 00 42 und
+33 6 07 66 23 61
www.harmoniedulogis.fr

R Antique Déco
Route du Mont-Saint-Michel
61700 Domfront
+33 2 33 38 98 64 und
+33 6 07 31 63 23
www.anticdeco.fr

M La Maison Fassier
21, rue Sainte-Croix
61400 Mortagne-au-Perche
+33 2 33 73 56 21 und
+33 6 07 34 36 72
www.lamaisonfassier.fr

R Les Matériaux Anciens du Pays d'Auge
VZ. A. Le Sap
route de Vimoutiers
Le Pont-de-vie
61120 Vimoutiers
+33 6 80 38 57 12

M Stéphanie Mayeux Antiquités Brocante
5, rue des Déportés
61400 Mortagne-au-Perche
+33 6 82 39 79 33

SARTHE (72)

M ADMO
99, route du Val-de-Loir
72500 Château-du-Loir
+33 2 43 46 49 30
www.mobilier-industriel.com

R Arts et Techniques
La Gare
72270 Malicorne-sur-Sarthe
+33 2 43 94 28 90

R Lebrun Matériaux
18, avenue de l'Europe
72110 Saint-Cosme-en-Vairais
+33 2 43 34 15 42
lebrunmaterioancien.free.fr

SEINE-MARITIME (76)

R Matériaux et Traditions
9, rue du Vieux-Sainte-Marie
76190 Yvetot
+33 2 35 95 86 97 und
+33 6 10 46 78 88
www.materiaux-traditions.com

M Max Tetelin Antiquités
76230 Isneauville
+33 6 08 95 17 80
www.max-tetelin.com

SÜDWESTEN

CHARENTE-MARITIME (17)

R Liéval Vieilles Pierres
Route Nationale 137
17250 Saint-Sulpice-d'Arnault
+33 5 46 95 01 58
www.lieval-vieillespierres.com

R Antiquités Toujouse
9, impasse du Brandon
Z. A.
17640 Vaux-sur-Mer
+33 5 46 39 08 69

R Labrouche Fils Matériaux Anciens
43, rue de Tivoli
17130 Montendre
+33 5 46 49 29 39
www.labrouche.com

DORDOGNE (24)

R Olivier de Bonfils
La Tissanderie
24520 Liorac-sur-Louyre, Bergerac
+33 6 80 02 28 35 und
+33 5 53 57 81 54

M Industriemöbel, Arbeitsmöbel, Möbel mit Charme
R Händler für alte Materialien und Werkstoffe

R La Maison d'À Côté
La Loulie
24260 Mauzens-et-Miremont
+33 6 08 84 18 82
www.la-maison-d-a-cote.com

R Matériaux Anciens Lascombes
Z. A. E. Pech-Mercier
24250 Cénac-et-Saint-Julien
+33 5 53 28 37 97 und
+33 6 75 74 54 59

HAUTE-GARONNE (31)

R Jean Guy
La Favarelle
Avenue du Lauragais
31280 Mons
+33 5 61 83 34 20 und
+33 6 14 18 32 06

R Au Temps Jadis
Z. A. Piossane II
2, rue de la Plaine
31590 Verfeil
+33 6 07 52 98 31
www.materiaux-anciens-autempsjadis.com

M Puces d'Oc
Quartier Saint-Cyprien
98, bis rue des Fontaines
31300 Toulouse
+33 5 61 59 34 33 und
+33 6 07 52 26 60
www.pucesdoc.fr

GERS (32)

R Héritages
3, rue Ampère
32600 L'Isle-Jourdain
+33 6 25 20 01 87

GIRONDE (33)

R Flores Sarl
4, route Forestière
33750 Beychac-et-Caillau
+33 5 56 72 98 30

R Atelier Fer Émeraude
26, rue Cantemerle
33000 Bordeaux
+33 5 56 81 01 31
www.ferronnerie-ferem.info

R L'Antiquaire de Quinsac
Domaine de Beauregard
33360 Quinsac
+33 5 56 20 87 12 oder
+33 6 13 63 34 77

R Larribère Cheminées Anciennes
55, rue Barreyre
33300 Bordeaux
+33 6 07 01 59 15
nach Terminabsprache

R Vitrail Concept
24, rue Saint-James
33000 Bordeaux
+33 5 56 51 32 80

LANDES (40)

R Catherine Fleuraux
705, route de Bayonne
40300 Peyrehorade
+33 5 58 73 16 10

LOT (46)

R André Antiquités
Pech Prunel
46230 Belfort-du-Quercy
+33 5 65 31 70 79 und
+33 6 22 87 47 33
www.boiseries-andre.fr

PYRÉNÉES-ATLANTIQUES (64)

R Patrick Delan
4, rue Gassion
64000 Pau
+33 5 59 27 45 62

DEUX-SÈVRES (79)

R Vieilles Pierres du Mellois
Le Cérizat de Chail, D 948
79500 Melle
+33 5 49 29 31 23
vieilles.pierres@mellecom.fr
www.vieillespierresdumellois.fr et

TARN-ET-GARONNE (82)

R BH Matériaux Anciens
Pont Rout
82110 Lauzerte
+33 5 63 95 39 08 und
+33 6 80 36 54 99
bhmateriaux.free.fr

MITTELMEER

ALPES-MARITIMES (06)

R Azur Démolition
18, avenue Sainte-Marguerite
06150 Cannes-La-Bocca
+33 4 93 47 02 33 und
+33 6 80 88 05 08

R SBMCD Demichelis
– Chemin des Plaines
06310 Mouans-Sartoux
+33 4 93 75 73 73
– 1429, route de la Valmasque
06560 Valbonne
+33 4 93 65 40 62

BOUCHES-DU-RHÔNE (13)

R Les Matériaux d'Antan Jacques Marcant
5580, route d'Avignon
13540 Aix-en-Provence
+33 4 42 92 62 12
www.materiaux-dantan.fr

[Adressen]

Jean Zunino
635, chemin des Jalassières
13510 Éguilles
+33 4 42 64 12 38
www.zunino.fr

L'Atelier 13
13, route de Graveson
13630 Eyragues
+33 4 90 24 94 19

Antiquités Georges Pougin et Fils
R.N. 113
13127 Vitrolles
+33 6 73 19 12 24
www.pougin.net

Portes Anciennes, Villard et Belaïche
Route d'Avignon
13210 Saint-Rémy-de-Provence
+33 4 90 92 13 13
www.portesanciennes.com

Atelier de Saint-Cannat
5130, route d'Avignon
RN 7 - La Petite Calade
13450 Puyricard
+33 4 42 23 47 29
www.old-building-materials.com

GARD (30)

Boiseries et Décorations
R.N. 113
30620 Uchaud
+33 4 66 71 25 99
www.boiseries-deco.fr

Didier Gruel
Le Grand Montagné
Chemin du Lozet
30400 Villeneuve-lez-Avignon
+33 4 90 25 08 07

Pierre Ortiz
3, place des Halles
30420 Calvisson
+33 4 66 01 06 12

Caro Davin Sarl
Quartier Coste-Belle
30210 Cabrières
+33 4 66 20 38 51 und
+33 6 20 53 26 96
www.carodavin.fr

Provence Matériaux Anciens
43, route de Beaucaire
30300 Comps
+33 4 66 74 47 65
www.provence-materiaux-anciens.com

Terres Cuites de Légrin
Zone de Légrin
Route de Saint-Gilles
30132 Caissargues
+33 4 66 38 38 22 und
+33 6 09 35 81 97
www.terrescuitesdelegrin.com

HÉRAULT (34)

Aux Jardins d'Antan Bernard Barthez & Fils
Le Mas Saint-Jean
Route de Pérols
34970 Lattes
+33 4 67 50 11 99
www.jardinsdantan.com

Antiquités Aubert
17, avenue Georges-Clémenceau
34690 Fabrègues
+33 4 67 85 54 40

PYRÉNÉES ORIENTALES (66)

Antiquités Le Pont du Diable
G. Pascot
8, place du Pont
66400 Céret
+33 4 68 87 25 60 und
+33 6 72 15 90 85

Antikeric
1, rue des Lilas
66440 Torreilles
+33 6 10 73 80 19
www.antikeric.com

VAR (83)

Les Mille et Une Portes
4 et 9, place Émile-Zola
83570 Carcès
+33 4 94 04 50 27

Alain Gauthey Cheminées Anciennes
– 1246, route de Draguignan
83690 Salernes-en-Provence
+33 4 94 70 60 77 und
+33 6 43 06 67 63
– 5130, route d'Avignon
13540 Aix-en-Provence
+33 4 42 21 01 37
www.cheminees-gauthey.com

Aux Vieilles Portes
Parc d'activités
83310 Cogolin
+33 4 94 54 71 01
www.auxvieillesportes.com

Bernard Jeanront
Chemin du Peyrat
83310 Grimaud
+33 4 94 43 26 64

RCB Carrelages
Quartier de la Chaux
Chemin départemental 61
83310 Grimaud
+33 4 98 12 60 10
www.rcbcarrelages.fr

Tonner Matériaux Anciens
R. N. 97
83340 Le Luc-en-Provence
+33 4 94 47 97 25
www.jmfiantiquitedubatiment.com

M Industriemöbel, Arbeitsmöbel, Möbel mit Charme
R Händler für alte Materialien und Werkstoffe

R **Temporis**
La Pierre plantée
Route du Muy
83120 Sainte-Maxime
+33 4 94 96 01 28
www.temporis-france.com

R **Matériaux du Littoral**
Z. I. de Grimaud
83310 Grimaud
+33 4 94 43 26 64

VAUCLUSE (84)

R **Décor Tradition**
Route de Cheval-Blanc
84300 Cavaillon
+33 4 90 06 05 77

M **Bernard Mouiren**
Le Village des antiquaires de la gare
84800 L'Isle-sur-la-Sorgue
+33 6 11 12 19 21

R **Boiseries et Décorations**
Le Chêne
R. N. 100
84400 Gargas-Apt
+33 4 90 74 15 71
www.boiseries-deco.fr

R **Jean Chabaud**
Route de Gargas
84400 Apt
+33 4 90 74 07 61

M **Jeri Jean Antiquités Brocante**
La Beaume
84800 Fontaine-de-Vaucluse
+33 4 90 20 33 77

R **Jarres Anciennes, Guy Valais**
R. N. 100
84580 Coustellet
+33 6 07 66 43 13

M **Le Grenier d'Ugolin**
Le Village des antiquaires de la gare
2 bis, avenue de l'Égalité
84800 L'Isle-sur-la-Sorgue
+33 6 81 71 26 21

R **Provence Portes Anciennes Portes et boiseries d'autrefois**
Route de Vaison
84110 Roaix
+ 33 4 90 46 16 44
www.provence-portes.com

R **Provence Retrouvée**
2761, route d'Apt
84800 L'Isle-sur-la-Sorgue
+33 4 90 38 52 62
www.provenceretrouvee.com

R **Sarl Brachet**
744, chemin du Mitan
84300 Cavaillon
+33 4 90 78 28 12
www.brachet-anciensmateriaux.fr

M **La Boutique de l'Antiquaire**
9, rue Grand-Pré
84160 Lourmarin
+33 4 90 68 81 84

R **Les Bains d'Aphrodite**
25, avenue de la Libération
84800 L'Isle-sur-la-Sorgue
+33 4 90 20 74 24
www.bains-aphrodite.com

R **Lemière Matériaux Anciens**
372, chemin de la Sacrestière
84450 Jonquerettes
+33 4 90 22 29 65 und
+33 6 80 68 34 08
www.lemiere-materiaux-anciens.com

R **Atelier Alain-Édouard Bidal**
2420, route du Thor (RN 100)
84800 L'Isle-sur-la-Sorgue
+33 4 90 20 72 83
www.sculptures-bidal.com

R **Portes Antiques**
Le Plan des Amandiers
84220 Les Beaumettes
+33 4 90 72 35 61
www.portesantiques.com

IMPRESSUM

BILDNACHWEISE

Wir möchten allen Herstellern und Händlern, Architekten und Designern danken, ohne die dieses Werk nicht möglich gewesen wäre.

Fotos: E. Andréotta (S. 40, 49, 96); P. Binet (S. 7, 14, 28, 32/33, 38, 42, 57, 63, 95, 110, 124, 129, 150–153, 162, 164/165, 174); B. Boigontier (S. 23–24, 82, 104–106, 161, 166); L. Ducout (S. 16, 26, 43, 48, 53, 68, 77); C. Erwin (S. 2, 9–10, 18, 27, 41, 44, 74/75, 98, 112, 123, 135, 144, 166, 172, 176, 178), L. Gavard (S. 12, 37); O. Hallot (S. 11, 34, 130, 145); I. Lainville (S. 19, 169); P. Louzon (S.45, 47, 136); Mathias (S. 107); A. Réty (S. 50–52, 54, 61, 71, 73, 103, 109, 111, 113–115, 119, 126–128, 137, 140, 142, 147, 155, 158, 163, 173, 175); C. Rouffio (S. 29-31, 35, 63–65, 67, 76, 78, 81, 84–86, 89, 93–94, 100, 118, 139, 179); P. Smith (S. 13, 15,17, 22, 39, 56, 69, 72, 79, 88, 91, 99, 101, 108, 125, 131–134, 141, 143, 148/149,151, 156/157, 167-168); G. Trillard (S. 12, 83, 90); J. Verger (S. 25, 55, 87)

Das Magazin © Art & Décoration wird von Hachette Filipacchi Associés herausgegeben.

Für die deutsche Ausgabe:
Übersetzung: Andrea Wurth
Korrektorat: Friederike Ahlborn, Sindelfingen
Satz: Arnold & Domnick, Leipzig
Umschlaggestaltung: Olaf Johannson, spoondesign, Langgöns
Produktmanagement und Lektorat: Christine Rauch
Druck und Bindung: FIRMENGRUPPE APPL, aprinta Druck, Wemding

© Lifestyle BusseSeewald in der frechverlag GmbH, Turbinenstraße 7, 70499 Stuttgart, 2016

Die französische Originalausgabe erschien 2011 unter dem Titel *Récup et Brocante* bei Éditions Massin collection Art & Décoration – Société d'Information et de Créations (SIC).

Angaben und Hinweise in diesem Buch wurden von der Autorin und den Mitarbeitern des Verlags sorgfältig geprüft. Eine Garantie wird jedoch nicht übernommen. Autorin und Verlag können für eventuell auftretende Fehler oder Schäden nicht haftbar gemacht werden. Das Werk und die darin gezeigten Modelle sind urheberrechtlich geschützt. Die Vervielfältigung und Verbreitung ist, außer für private, nicht kommerzielle Zwecke, untersagt und wird zivil- und strafrechtlich verfolgt. Dies gilt insbesondere für eine Verbreitung des Werkes durch Fotokopien, Film, Funk und Fernsehen, elektronische Medien und Internet sowie für eine gewerbliche Nutzung der gezeigten Modelle.

1. Auflage 2016

ISBN: 978-3-7724-7427-9 • Best.-Nr. 7427

10/16